Competências de Impacto: estratégias para sucesso no gerenciamento de projetos

Nelson Rosamilha, PhD
Luciano Ferreira da Silva, PhD

Competências de Impacto: estratégias para sucesso no gerenciamento de projetos

Guia para diagnosticar, desenvolver e aplicar as competências em projetos em sistemas adaptativos complexos

BRASPORT

Rio de Janeiro
2025

Editor: Antonio Muniz

Operação Editorial: Monaliza Rosario

Produção Editorial: Marina Oliveira

Editoração Eletrônica: Rinaldo Mickus

Capa: Rinaldo Mickus

Dados Internacionais de Catalogação na Publicação (CIP)
(Câmara Brasileira do Livro, SP, Brasil)

Rosamilha, Nelson

Competências de impacto : estratégias para sucesso no gerenciamento de projetos / Nelson Rosamilha, Luciano Ferreira da Silva. -- 1. ed. -- Rio de Janeiro : Brasport Livros e Multimídia, 2025.

ISBN 978-65-6096-049-7

1. Gerenciamento de projetos 2. Projetos - Desenvolvimento 3. Projetos - Elaboração 4. Projetos - Metodologia 5. Projetos - Planejamento I. Silva, Luciano Ferreira da. II. Título.

25-250494 CDD-658.404

Índices para catálogo sistemático:

1. Projetos : Gerência : Administração de empresas 658.404

Aline Graziele Benitez - Bibliotecária - CRB-1/3129

BRASPORT Livros e Multimídia Ltda.
Rua Sete de Setembro, 48, 3º andar, loja 301 – Centro
20050-009 Rio de Janeiro-RJ
Tel./Fax: (21)2568.1415
e-mails: administrativo@brasport.com.br
vendas@brasport.com.br
editorial@brasport.com.br
www.brasport.com.br

Dedicamos este livro a todos os profissionais que, como nós, buscam constantemente o aprimoramento de suas competências para enfrentar os desafios do gerenciamento de projetos. Aos nossos colegas de trabalho, que compartilharam conosco suas experiências e conhecimentos, tornando cada projeto uma oportunidade de aprendizado. Agradecemos à Universidade Nove de Julho, especificamente ao Programa de Pós-Graduação em Gestão de Projetos, pela oportunidade de crescimento, bem como o apoio do CNPq - Conselho Nacional de Desenvolvimento Científico e Tecnológico, Coordenação de Aperfeiçoamento de Pessoal de Nível Superior - Brasil (CAPES) e do Fundo de Apoio à Pesquisa da Universidade Nove de Julho

A nossas famílias, por todo o apoio e a compreensão ao longo desta jornada, especialmente nos momentos em que precisávamos nos dedicar intensamente a este projeto.

Como ler este livro

O livro está organizado em capítulos que abordam diferentes aspectos das competências em gerenciamento de projetos.

- **Introdução:** conceitos iniciais e o contexto que embasa todo o conteúdo do livro.
- **Capítulo 1 – Competências em gerenciamento de projetos:** discute as competências necessárias para gerenciar projetos eficazmente, incluindo competências técnicas e comportamentais.
- **Capítulo 2 – *Frameworks* de competências em gerenciamento de projetos:** explora diferentes *frameworks* e como eles podem ser aplicados para o desenvolvimento de competências dos profissionais de projetos.
- **Capítulo 3 – Técnicas e ferramentas para avaliação de competências em gerenciamento de projetos:** descreve as técnicas e ferramentas para avaliar as competências necessárias em projetos.
- **Capítulo 4 – Competências em projetos: um enfoque estratético:** explorar como as mudanças socioeconômicas e tecnológicas impactaram as competências necessárias para profissionais de projetos.
- **Capítulo 5 – Diagnosticando as competências em sistemas adaptativos complexos (SAC):** neste capítulo exploramos a interseção entre as competências essenciais para o gerenciamento de projetos em ambientes caracterizados como Sistema Adaptativo Complexo (SAC) e como diagnosticar essas competências nesse contexto SAC.
- **Capítulo 6 – Como diagnosticar suas competências em gerenciamento de projetos:** neste capítulo apresentamos uma ferramenta construída por IA generativa para efetuar o diagnóstico de competências em Sistema Adaptativo Complexo e oferecendo recomendações para preenchimento das lacunas encontradas.

- **Capítulo 7 – Recomendações e boas práticas:** conclui com orientações práticas e sugestões para o desenvolvimento contínuo de competências dos profissionais envolvidos nos projetos.

Como utilizar o livro

Este livro foi concebido para ser uma ferramenta de aprendizado contínuo, independentemente do seu nível de experiência profissional. Para uma leitura mais eficiente, considere as seguintes dicas:

- **Leitura sequencial:** se você é novo no tema, nós sugerimos ler o livro na ordem dos capítulos para construir uma base de conhecimento.
- **Leitura seletiva:** se já possui experiência e busca informações específicas, utilize o sumário para encontrar os capítulos mais relevantes para sua necessidade atual.
- **Aplicação prática:** ao finalizar cada capítulo, reserve um tempo para refletir sobre como os conceitos apresentados podem ser aplicados no seu contexto profissional.
- **Revisão periódica:** este livro pode ser uma referência contínua. Revise os capítulos conforme necessário para refrescar conceitos e técnicas, especialmente antes de iniciar novos projetos.

Ler este livro é apenas o primeiro passo para buscar o desenvolvimento de suas competências próprias, ou ainda planejar o desenvolvimento das competências de sua equipe. O verdadeiro aprendizado acontece quando você aplica os conceitos e as técnicas discutidas no seu dia a dia. Desse modo, seja proativo, mantenha a mente aberta e esteja disposto a evoluir continuamente em sua jornada como um profissional de gerenciamento de projetos de sucesso.

Sumário

Introdução

Gostaríamos de começar agradecendo a você, leitor, por escolher este livro como parte da sua jornada no desenvolvimento de competências em gerenciamento de projetos. O seu interesse e sua dedicação em aprimorar suas competências são passos fundamentais para alcançar o sucesso.

Este livro foi criado para ser um guia prático e acessível para todos que desejam explorar as competências essenciais no gerenciamento de projetos. Consideramos as competências de profissionais de projetos um tema extremamente relevante. Portanto, em um mundo onde a evolução tecnológica e a complexidade dos projetos crescem a cada dia, é cada vez mais difícil para os profissionais identificarem e desenvolverem as competências necessárias para garantir o sucesso em suas iniciativas. Além disso, muitos profissionais enfrentam desafios constantes para se manterem atualizados e preparados diante das novas exigências dos projetos.

Para ajudar você a superar esses desafios, este livro oferece uma abordagem detalhada, resultado de anos de pesquisa em *frameworks* de referência internacional. A ideia é que você possa diagnosticar suas competências, identificar possíveis lacunas e desenvolver as habilidades que realmente fazem a diferença. Do mesmo modo, se você é um gestor que visa aprimorar as competências de sua equipe, precisa saber diagnosticá-las, desenvolvê-las e aplicá-las. Além disso, este livro trata das competências dos profissionais de projetos considerando Sistemas Adaptativos Complexos (SAC).

O conceito de SAC é oriundo das ciências naturais e se aplica a sistemas dinâmicos onde múltiplos agentes interagem de maneira não linear e adaptativa. Este tópico é explorado mais adiante neste livro, bem como também é contemplado no instrumento de diagnóstico de competências apresentado.

A aplicação prática dos conceitos aqui discutidos permitirá que você melhore sua capacidade de gerenciar projetos com eficácia e impulsione seu crescimento profissional, tornando-se mais preparado para as incertezas e complexidades do ambiente atual.

Este livro é resultado de anos de experiência em gestão de projetos e uma sólida trajetória acadêmica. Reunimos aqui o conhecimento adquirido ao longo da carreira como pesquisadores e profissionais de projetos. Tivemos a oportunidade de aplicar, testar e refinar essas competências em diversos setores, sempre em busca de soluções inovadoras e eficazes para os problemas que surgem nos projetos. Este livro é um reflexo dessa experiência e do compromisso contínuo com o desenvolvimento profissional e a excelência na gestão de projetos.

Os benefícios que você encontrará neste livro são práticos e imediatamente aplicáveis, e já ajudaram inúmeros profissionais a alcançar resultados em seus projetos, elevando suas carreiras e contribuindo para o sucesso de suas organizações. Esses profissionais relataram um aumento significativo em sua confiança e competência para gerenciar projetos após implementarem as estratégias discutidas aqui.

Quanto mais cedo você começar a aplicar os conceitos e técnicas apresentados, mais rapidamente verá resultados positivos em sua carreira e em seus projetos. Este é o momento de investir em si e se preparar para os desafios futuros. O próximo passo agora é seu.

Depende apenas de você.

Boa leitura!

1. Competências em gerenciamento de projetos

A globalização, a rápida evolução tecnológica e a crescente complexidade dos projetos impõem desafios significativos aos profissionais da área de gestão. Além disso, se faz necessário compreender que os projetos, bem como a projetização de instituições públicas e privadas, permitem lidar com as demandas por inovações, transformação digital, crises sanitárias e ambientais, entre outras questões que necessitam de uma estrutura temporária para promoção de resultados.

Nesse contexto, as competências em gerenciamento de projetos se destacam como um diferencial competitivo. A evolução das competências em gerenciamento de projetos pode ser traçada desde os anos 1950, com a introdução de metodologias formais e a criação de organizações como o *Project Management Institute* (PMI), nos anos 1960, até os avanços recentes na adaptação de práticas ágeis (KERZNER, 2017).

Na década de 1980, modelos de maturidade e padrões internacionais, como o *PMBOK® Guide* do PMI, estabeleceram uma base sólida para a prática profissional. Nos anos 2000, a adoção de metodologias ágeis transformou ainda mais o campo do gerenciamento de projetos, destacando a necessidade de flexibilidade e adaptação contínua às mudanças (SCHWABER; SUTHERLAND, 2020).

Com base nessa evolução de práticas e comportamentos, as competências exigidas dos profissionais de gerenciamento de projetos também mudaram. Inicialmente, as competências eram predominantemente técnicas (*hard skills*), concentrando-se em habilidades como planejamento, controle de cronogramas e gestão de custos. No entanto, com o passar do tempo, tornou-se evidente que as competências técnicas por si só não eram suficientes para garantir o sucesso dos projetos (CRAWFORD, 2005). Nesse sentido, as competências comportamentais ou interpessoais (*soft skills*), como comunicação, liderança e negociação, contribuem para o sucesso dos projetos, especialmente em ambientes de trabalho altamente colaborativos e dinâmicos (TURNER; MÜLLER, 2006; SILVA *et al.*, 2024).

Podemos evidenciar essa mudança já na década de 1980, quando as competências de liderança e gestão de equipes começaram a ganhar destaque. Habilidades de comunicação, negociação e resolução de conflitos tornaram-se essenciais para gerenciar eficazmente as partes interessadas e motivar as equipes. Além disso, houve também a introdução de padrões e modelos de maturidade, como o *Project Manager Competency Development Framework* (PMCDF), do PMI, que enfatizou a necessidade de competências em governança e melhoria contínua (MORRIS, 2013).

Assim, com o advento das metodologias ágeis nos anos 2000, as competências em gerenciamento de projetos passaram a incluir uma maior ênfase na adaptabilidade, na capacidade de trabalhar em ambientes de mudança rápida e na colaboração estreita com os clientes. As habilidades de facilitação, *coaching* e liderança servidora substituíram em parte a ênfase anterior em controle rígido e planejamento detalhado (SCHWABER; SUTHERLAND, 2020). Com a adoção de práticas ágeis, há uma crescente demanda por competências interpessoais para quebrar barreiras e readequar processos, especialmente para lidar com a Quarta Revolução Industrial.

Vale destacar que as competências em gerenciamento de projetos também devem incluir uma compreensão profunda da tecnologia digital, análise de dados e gestão de inovação. As competências em pensamento analítico, resiliência e aprendizagem contínua tornaram-se relevantes para se manter competitivo em um mercado de trabalho global em rápida transformação (WEF, 2020).

Para uma melhor compreensão das competências dos profissionais de gerenciamento de projetos, neste capítulo apresentaremos a definição de competência, as diferentes classificações de competências e como elas se aplicam no contexto organizacional e de gerenciamento de projetos.

Além disso, são discutidas as competências necessárias para enfrentar os desafios contemporâneos impostos pela Quarta Revolução Industrial e pela transformação digital. Por fim, apresentaremos orientações práticas sobre como manter e desenvolver continuamente as competências em gerenciamento de projetos.

Definição de competência

A ideia de competência transcende o simples domínio de habilidades técnicas. Ela envolve uma integração complexa de conhecimentos teóricos, habilidades práticas e atitudes comportamentais que, juntos, capacitam um indivíduo a executar tarefas específicas de maneira eficiente, como aponta Parry (1996). Essa definição captura a essência tridimensional das competências, que vão além do mero conhecimento técnico e incluem aspectos comportamentais e contextuais, bem como componentes atitudinais que impactam no desejo e na forma de executar as tarefas.

Cheetham e Chivers (1996) ampliam essa perspectiva ao sugerir que a competência profissional inclui atributos éticos e valores pessoais, além de conhecimentos e habilidades. Para os autores, a competência é um conceito holístico que abrange não apenas o saber fazer, mas também o saber ser e o saber conviver. Esse enfoque enfatiza a importância de uma abordagem equilibrada que integra diversos aspectos do desenvolvimento humano e profissional.

Boyatzis (1982) sugere que a competência é uma característica subjacente de um indivíduo causalmente relacionada a um desempenho superior em uma tarefa ou situação. Ainda segundo Boyatzis, as competências são observáveis no comportamento e podem ser desenvolvidas e aprimoradas ao longo do tempo por meio de treinamentos e pela experiência prática. Essa visão destaca a natureza dinâmica das competências, que não são atributos fixos, mas sim capacidades que podem ser cultivadas e ajustadas conforme as demandas do ambiente de trabalho evoluem. Na Tabela 1 são apresentadas outras definições de competências.

Tabela 1. Definições de competências.
Fonte: os autores.

Autor(es)	Ano	Definição de competência
McClelland	1973	Devem ser medidas com base em critérios de desempenho real, refletindo o que é necessário para obter sucesso em um determinado papel ou ambiente organizacional.
Hopkins e Bilimoria	2008	É uma característica primária de um indivíduo causalmente relacionada ao desempenho eficaz em uma função ou situação.
Fleury e Fleury	2001	É um saber agir responsável e reconhecido, que implica mobilizar, integrar e transferir conhecimentos, recursos e habilidades que agreguem valor econômico à organização e valor social ao indivíduo.
Dutra	2001	É a capacidade de articular e mobilizar recursos, conhecimentos e habilidades para alcançar resultados expressivos em contextos de trabalho diversos.

Autor(es)	Ano	Definição de competência
Epstein e Hundert	2002	Inclui o uso habitual e judicioso da comunicação, do conhecimento, das habilidades técnicas, do raciocínio clínico, das emoções, dos valores e da reflexão na prática diária para o benefício do indivíduo e da comunidade.
Blömeke, Gustafsson e Shavelson	2015	Vista como um contínuo, integrando aspectos de conhecimento e habilidades com fatores contextuais e pessoais.
WEF (*World Economic Forum*)	2020	Um conjunto de habilidades essenciais que permitem aos indivíduos adaptarem-se às rápidas mudanças e novas demandas do mercado de trabalho global, incluindo pensamento analítico, inovação, resiliência e flexibilidade.

Portanto, a compreensão da competência como um conceito multifacetado e dinâmico é essencial para o desenvolvimento profissional e organizacional. Ao integrar Conhecimentos, Habilidades, Atitudes (CHA), as competências permitem que os indivíduos executem suas funções com excelência e se adaptem às constantes mudanças do ambiente de trabalho. Veja a Figura 1.

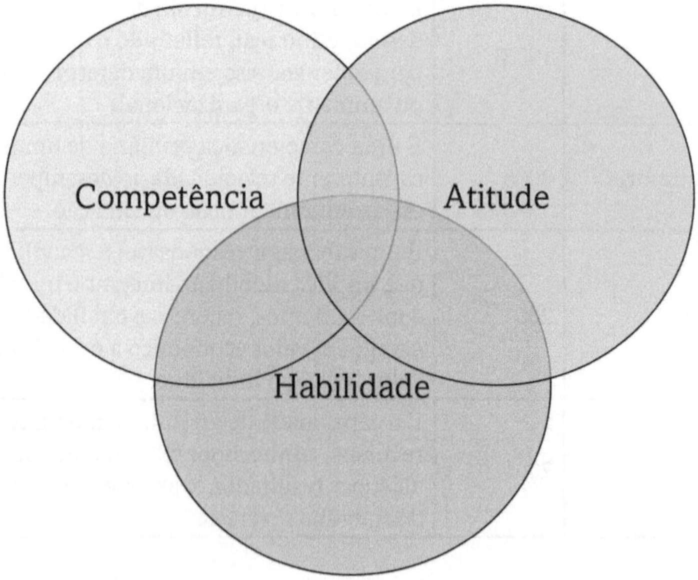

Figura 1. CHA.
Fonte: os autores.

Com base no que foi apresentado, pode-se dizer que as competências não podem ser representadas por um atributo estático de um indivíduo ou uma organização. As competências são constituídas por um conjunto de conhecimentos, habilidades e atitudes que permitem desempenhar atividades para o alcance de determinado objetivo. As competências são construídas e evoluem ao longo do tempo em um processo iterativo influenciado pelo ambiente onde as pessoas e organizações atuam. Assim, o desenvolvimento contínuo das competências, alinhado às novas demandas e desafios do mercado, torna-se uma prática indispensável para garantir o sucesso e a relevância no cenário profissional contemporâneo.

Competências como critério de desempenho

David McClelland, um pioneiro no estudo de competências, argumenta que estas devem ser medidas com base em critérios de desempenho real, em vez de atributos estáticos como Quociente de Inteligência (QI) ou nível de escolaridade (MCCLELLAND, 1973). McClelland propôs que as competências devessem refletir o que é necessário para obter sucesso em um determinado papel ou ambiente organizacional, sugerindo que elas são específicas ao contexto do trabalho. Essa abordagem prática para a medição de competências reforça a ideia de que elas são capacidades aplicáveis e relevantes para o desempenho no trabalho.

Em diferentes indústrias, como Tecnologia de Informação (TI), construção civil e saúde, a avaliação de competências pode variar significativamente, refletindo as necessidades específicas e os contextos de cada setor (MORRIS, 2013). Nesse sentido, a combinação de competências técnicas e comportamentais é essencial para o desempenho superior dos gestores de projetos (CRAWFORD, 2005). As competências comportamentais, em particular, têm sido cada vez mais reconhecidas como fundamentais para o sucesso ao permitirem que gestores de projetos lidem efetivamente com as partes interessadas e resolvam conflitos (TURNER; MÜLLER, 2006).

Classificações de competências

No estudo das competências, é essencial reconhecer que estas não são entidades isoladas, mas um conjunto de características inter-relacionadas que influenciam diretamente o desempenho individual e organizacional. Ao longo dos anos, diversas abordagens foram propostas para classificar e entender essas competências, cada uma oferecendo perspectivas valiosas para o desenvolvimento profissional.

Dentre essas abordagens, destaca-se a contribuição de Boyatzis (1982), que propôs uma classificação abrangente das competências em cinco tipos principais: motivos, traços, autoconceito, conhecimento e habilidades. Segundo o autor, uma competência não é uma habilidade isolada, e sim uma combinação de vários elementos manifestados no comportamento e no desempenho dos indivíduos. Ele argumenta que, para serem eficazes, as competências precisam estar alinhadas com os objetivos organizacionais e a cultura da empresa. Os tipos de competências de Boyatzis (1982) são:

- **Motivos:** são as razões internas que impulsionam o comportamento do indivíduo. Motivos são forças que orientam a ação e mantêm o comportamento em direção a metas específicas.
- **Traços:** são aspectos relativamente estáveis da personalidade de um indivíduo que influenciam a maneira como ele interage com o ambiente.
- **Autoconceito:** refere-se à atitude, aos valores ou à autoimagem de um indivíduo. O autoconceito influencia como uma pessoa percebe suas capacidades e como ela se comporta em diferentes contextos.
- **Conhecimento:** informações que um indivíduo possui em uma área específica. O conhecimento é a base para a tomada de decisões e execução de tarefas.
- **Habilidades:** a capacidade de executar uma atividade física ou mental. As habilidades são necessárias para transformar conhecimento em ação e alcançar resultados desejados.

Dessa forma, podemos dizer que as competências são resultado de uma combinação complexa e interdependente de fatores internos e externos ao indivíduo. Cada tipo de competência – seja ele motivo, traço, autoconceito, conhecimento ou habilidade – contribui de forma única para o comportamento e o desempenho de uma pessoa.

Embora cada elemento tenha sua relevância para constituir a competência de um indivíduo, é a sinergia entre esses componentes que realmente define a eficácia das competências no contexto organizacional. Assim, para alcançar altos níveis de desempenho, é crucial que as competências sejam não apenas desenvolvidas individualmente, mas também integradas de maneira coerente com os objetivos estratégicos e a cultura da organização.

O *framework* PMCDF é um guia que ajuda a desenvolver as competências dos gerentes de projetos, organizando-as em dimensões de conhecimento, desempenho e competência pessoal. O PMCDF é amplamente utilizado para avaliar e melhorar as competências dos gerentes de projetos, conforme abordado por Sitohang, Pratami e Bay (2020).

Competência no contexto organizacional

No ambiente organizacional contemporâneo, a competência é um fator crítico que determina o sucesso individual e coletivo. Ela não se limita ao domínio de habilidades técnicas, mas abrange um conjunto integrado de conhecimentos e atitudes que permitem enfrentar desafios complexos e se adaptar a mudanças constantes. Diversos estudiosos e instituições têm contribuído para a compreensão e classificação das competências, destacando sua importância para o desenvolvimento organizacional e a inovação.

Fleury e Fleury (2001) definem competência como um saber agir, responsável e reconhecido, que implica mobilizar, integrar e transferir conhecimentos, recursos e habilidades que agreguem valor econômico à organização e valor social ao indivíduo. Essa definição destaca a aplicabilidade das competências em diferentes contextos e a sua relevância para as demandas do ambiente organizacional. Dutra (2001) acrescenta que competência é a capacidade de articular e mobilizar recursos, conhecimentos e habilidades para alcançar resultados expressivos em contextos de trabalho diversos. Ele enfatiza a importância da adaptabilidade e da capacidade de inovar como componentes críticos das competências no ambiente de trabalho contemporâneo.

Epstein e Hundert (2002), ao analisarem as competências profissionais, propõem que estas englobem o uso consistente e criterioso da comunicação, do conhecimento, das habilidades técnicas, do raciocínio clínico, das emoções, dos valores e da reflexão na prática diária, sempre visando o benefício tanto do indivíduo quanto da comunidade atendida. Eles classificam as dimensões da competência em categorias como cognitiva, técnica, integrativa, contextual, relacional, afetiva/moral e hábitos mentais. Os autores ainda ressaltam que a competência profissional é um atributo desenvolvível, mutável e altamente dependente do contexto, sublinhando a importância de avaliações baseadas em evidências para assegurar padrões elevados de desempenho.

Blömeke, Gustafsson e Shavelson (2015) propõem que a competência deva ser vista como um contínuo, integrando aspectos de conhecimento e habilidades com fatores contextuais e pessoais. Essa visão sugere que o desenvolvimento de competências envolve a adaptação e a integração de novas informações e experiências ao longo do tempo. Por exemplo, competências digitais, como a capacidade de gerenciar tecnologias emergentes, como inteligência artificial (IA) e *blockchain*, são mais utilizadas no contexto da transformação digital e da Quarta Revolução Industrial.

Neste contexto, a adequação das competências tem forte ligação com gerenciamentos de projetos. Ademais, é preciso entender quais competências são necessárias para gerenciar projetos, o que será tratado na próxima seção.

Competências em gerenciamento de projetos

O gerenciamento de projetos é uma disciplina fundamental para a implementação eficaz de estratégias em instituições públicas e privadas. As competências em gerenciamento de projetos representam um conjunto de conhecimentos, habilidades e atitudes que capacitam os profissionais a planejar, executar e concluir projetos com sucesso.

Assim, o gerenciamento de projetos é uma atividade básica para enfrentar as adversidades e evoluir em processos produtivos, acompanhar inovações tecnológicas, bem como incorporar questões como o desenvolvimento sustentável.

Além disso, podemos dizer que o gerenciamento de projetos não é uma exclusividade de uma área ou campo de estudos. O gerenciamento de projetos é também uma competência a ser adquirida e desenvolvida por profissionais de diversas áreas.

Crawford (2005) define competências em gerenciamento de projetos em duas dimensões principais: baseadas em atributos e baseadas em desempenho. As competências baseadas em atributos incluem conhecimento e habilidades que um indivíduo traz para o trabalho, bem como características pessoais, atitudes e comportamentos. Já as competências baseadas em desempenho referem-se à capacidade de realizar atividades em uma área ocupacional nos níveis esperados de desempenho no emprego.

Segundo o PMI (2017), as competências de um profissional de projetos são agrupadas em três áreas principais: conhecimento, desempenho e atributos pessoais. Essas áreas integram aspectos técnicos e comportamentais necessários para a execução bem-sucedida das atividades do projeto. Na Tabela 2 são apresentadas as diferentes definições de competências em gerenciamento de projetos.

Tabela 2. Competências de gerenciamento de projetos.
Fonte: os autores.

Autor	Definição
Wateridge (1997)	As competências em gerenciamento de projetos de TI incluem uma combinação de habilidades técnicas e administrativas inicialmente, seguidas pelo desenvolvimento de habilidades mais refinadas como negociação, construção de equipe e gestão de conflitos por meio de treinamento contínuo e experiência prática.
Crawford (1998)	Em gerenciamento de projetos, o desenvolvimento de competências é baseado na suposição de que, se as pessoas que gerenciam e trabalham em projetos são competentes na prática de gerenciamento de projetos, elas terão um desempenho eficaz, resultando em projetos de sucesso e equipes bem-sucedidas.

Autor	Definição
Crawford (2005)	As competências são divididas em três dimensões: competências de entrada (conhecimento e habilidades), competências pessoais (características de personalidade) e competências de saída (capacidade de realizar atividades no nível esperado).
IPMA (2015)	A competência inclui o conhecimento técnico, as habilidades de gestão e as capacidades contextuais necessárias para gerenciar projetos em diferentes ambientes.
Thomas e Mengel (2008)	As competências em gerenciamento de projetos incluem liderança compartilhada, inteligência emocional, habilidades interpessoais e habilidades de comunicação.
Ahadzie *et al.* (2009)	A competência em gerenciamento de projetos é vista como possuir um nível mínimo predefinido de conhecimentos e habilidades em práticas de gerenciamento de projetos e poder usá-los eficientemente para o sucesso do projeto.
Da Silva *et al.* (2022)	As competências são agrupadas em três parâmetros: técnicas (trabalho), comportamentais e contextuais. Competências técnicas referem-se aos padrões principais da função do trabalho, enquanto as comportamentais ou pessoais referem-se às características pessoais e habilidades de gestão aplicadas ao desempenho. As competências contextuais referem-se ao conhecimento sobre o cliente, projeto e ambiente necessário para a entrega.
Keil, Lee e Deng (2013)	As competências em gerenciamento de projetos são holísticas e incluem não apenas habilidades técnicas, mas também um conjunto diversificado de competências como comunicação, liderança e resolução de conflitos, conhecidas como *soft skills*.
Ahsan, Ho e Khan (2013)	As competências de um profissional de projetos incluem liderança, características pessoais, desenvolvimento e delegação de equipe, habilidades de comunicação, habilidades técnicas, habilidades de planejamento, flexibilidade, habilidades organizacionais, tomada de decisão, gerenciamento de tempo, gerenciamento de custos, resolução de problemas, habilidades analíticas, gerenciamento de partes interessadas e conhecimento de saúde e segurança.
PMI (2017)	O conjunto de habilidades e capacidades necessárias para concluir as atividades atribuídas às restrições do projeto.

Conforme descrito na Tabela 2, as competências permitem o alcance de determinado objetivo. O desempenho de indivíduos e equipes depende da aplicação das competências, que estão relacionadas às características comportamentais e aos aspectos atitudinais, bem como a conhecimentos e habilidades técnicas. Assim, as competências em gerenciamento de projetos podem ser divididas em duas categorias principais: técnicas e comportamentais, ou seja, *hard skills* e *soft skills*.

As competências técnicas envolvem o conhecimento e a aplicação de ferramentas e técnicas específicas de gerenciamento de projetos. Exemplos incluem:

- **Gerenciamento de cronograma:** habilidade para criar e manter cronogramas realistas, garantindo que o projeto seja concluído no prazo (PMI, 2017). Um exemplo prático é a utilização de softwares de gestão de projetos como o Microsoft Project para acompanhar e ajustar os cronogramas conforme necessário.
- **Gerenciamento de riscos:** capacidade de identificar, analisar e mitigar riscos que podem afetar o projeto (IPMA, 2015). Por exemplo, a aplicação de uma matriz de riscos para priorizar e planejar respostas adequadas a possíveis ameaças.
- **Gerenciamento de qualidade:** garantir que os entregáveis do projeto atendam aos padrões de qualidade exigidos (KERZNER, 2017). Isso pode incluir a implementação de auditorias de qualidade periódicas para verificar a conformidade com os requisitos estabelecidos.
- **Competências digitais:** habilidade em tecnologias emergentes, como IA e *blockchain*, cruciais no contexto da transformação digital (AHLEMANN *et al.*, 2013). Um exemplo é a utilização de ferramentas de análise de dados e pacotes estatísticos para tomar decisões baseadas em evidências em uma perspectiva *data-driven*.

Essas competências são fundamentais para a execução das atividades do projeto e para garantir que todos os aspectos técnicos sejam gerenciados eficazmente.

As competências comportamentais são essenciais para a gestão de equipes. Exemplos incluem:

- **Liderança:** capacidade de inspirar e motivar a equipe, garantindo que todos trabalhem em direção aos objetivos comuns do projeto (EKROT; KOCK; GEMÜNDEN, 2016). Um líder eficaz pode utilizar técnicas de *coaching* ou *mentoring* para desenvolver as habilidades de sua equipe.
- **Comunicação:** capacidade de se comunicar de forma clara e eficaz com todos os *stakeholders* do projeto (CRAWFORD, 2005). Isso pode incluir a realização de reuniões regulares e a manutenção de canais de comunicação abertos e transparentes.
- **Resolução de conflitos:** capacidade de mediar disputas na equipe, promovendo um ambiente de trabalho harmonioso (SHENHAR; LEVY; DVIR, 1997). Por exemplo, a utilização de técnicas para manter o foco no objetivo do projeto.

- **Inteligência emocional:** capacidade de reconhecer as próprias emoções e as emoções dos outros, melhorando a colaboração e a eficácia da equipe (GOLEMAN, 1998). Um exemplo prático é a aplicação de estratégias de *mindfulness* para aumentar a autoconsciência e a empatia entre os membros da equipe.

A divisão entre competências técnicas e comportamentais destaca a necessidade de uma abordagem holística na formação e no desenvolvimento de gerentes de projetos, que precisam estar preparados para liderar equipes, gerenciar riscos, comunicar-se eficazmente e inovar em resposta às demandas de um mercado em constante transformação. Assim, o desenvolvimento contínuo dessas competências é fundamental para garantir que os projetos sejam concluídos com sucesso, contribuindo para o crescimento e a competitividade das organizações.

Essa não é uma discussão simples. Recomendamos uma compreensão dos tipos de competências e o contexto de sua aplicação. Além disso, como as competências são constituídas por elementos diversos (CHA), ela carrega em sua essência uma carga de conhecimentos e habilidades técnicas, bem como interpessoais. Por exemplo, a comunicação carrega em sua constituição componentes relacionados ao *hard skills*, como capacidade de redigir um texto, mas também carrega aspectos de *soft skills*, como empatia.

Importância das competências em gerenciamento de projetos

A evolução das competências em gerenciamento de projetos desde a década de 1950 até hoje (Figura 2) reflete mudanças significativas nas práticas e abordagens de gestão, impulsionadas pela globalização, por avanços tecnológicos e pela complexidade crescente dos projetos. A seguir, apresentamos uma análise dessa evolução, embasada em diversas fontes acadêmicas e guias de referência.

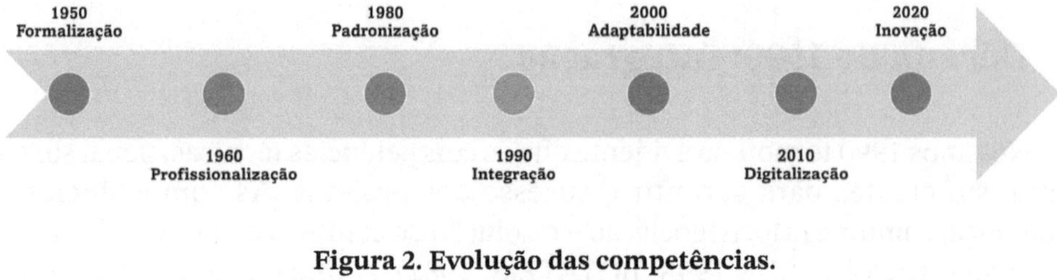

Figura 2. Evolução das competências.
Fonte: os autores.

Década de 1950: formalização

Na década de 1950, o gerenciamento de projetos começou a se formalizar com o desenvolvimento de técnicas de planejamento e controle, como o Gráfico de *Gantt* e o Método do Caminho Crítico (*Critical Path Method* - CPM). As competências exigidas nessa época eram predominantemente técnicas, com foco em habilidades relacionadas a planejamento, controle de cronogramas e gestão de custos (MORRIS, 2013). Projetos de grande escala, como o Projeto Polaris, exemplificaram a aplicação dessas metodologias. Esse período marcou o início da formalização do gerenciamento de projetos, quando a documentação e o controle se tornaram objetivos centrais para garantir uma gestão eficaz e bem-sucedida dos projetos.

Década de 1960: profissionalização

A fundação do PMI em 1969 representou um marco significativo na profissionalização do gerenciamento de projetos. Embora as competências continuassem focadas em habilidades técnicas, também começaram a ser incluídos elementos de liderança e gestão de equipes (PMI, 2017). O PMI foi criado visando promover práticas de gerenciamento de projetos, consolidando o conhecimento e as metodologias necessárias para o sucesso dos projetos. Esse foi um passo decisivo para a institucionalização das boas práticas, estabelecendo padrões globais que ainda influenciam a disciplina hoje.

Década de 1980: padronização

Na década de 1980, a introdução de modelos de maturidade, como o *Capability Maturity Model* (CMM), e padrões internacionais, como o *PMBOK® Guide* do PMI, estabeleceram uma base sólida para a prática profissional. As competências passaram a incluir a capacidade de implementar processos padronizados e garantir a qualidade dos projetos (KERZNER, 2017). Esses modelos e padrões ajudaram a melhorar a qualidade do gerenciamento de projetos.

Década de 1990: integração

Nos anos 1990 tornou-se evidente que as competências técnicas, por si só, não eram suficientes para garantir o sucesso dos projetos. As competências de liderança, comunicação, negociação e resolução de conflitos começaram a ganhar destaque (CRAWFORD, 1998; BOYATZIS, 1982). A integração passa a ser um objetivo nos projetos por meio das *soft skills*, o que impactou positivamente o gerenciamento de projetos, melhorando a colaboração e a eficácia das equipes. A utilização de competências relacionadas a *soft skills* evidencia o fator humano como crítico para o sucesso, inclusive com a integração dos *stakeholders*.

Década de 2000: adaptabilidade

A adoção de metodologias ágeis, como *Scrum* e XP (*eXtreme Programming*), nos anos 2000, transformou ainda mais o campo do gerenciamento de projetos. O lançamento do Manifesto Ágil impulsionou o pensamento adaptativo e incremental no gerenciamento de projetos. As competências dos profissionais de projetos passaram a incluir uma maior ênfase na adaptabilidade, na capacidade de trabalhar em ambientes de mudança rápida e na colaboração estreita com os clientes. Competências relacionadas à facilitação das tarefas, *coaching* e liderança servidora tornaram-se cruciais para o desenvolvimento de projetos a cada iteração (SCHWABER; SUTHERLAND, 2020). As metodologias ágeis diferem das preditivas por sua flexibilidade e seu foco na entrega contínua de valor.

Década de 2010: digitalização

Com o avanço da transformação digital na década de 2010, começaram a se destacar competências como capacidade de gerenciar tecnologias emergentes, como IA, computação em nuvem e *blockchain* (AHLEMANN *et al.*, 2013). A necessidade de pensamento analítico, inovação, resiliência e flexibilidade tornou-se cada vez mais evidente (WEF, 2020).

Projetos como a implementação de sistemas ERP ilustram a aplicação dessas competências digitais, trazendo também a integração tecnológica para as estruturas organizacionais. Os profissionais de gerenciamento de projetos tinham o papel de agentes de mudanças para introdução da era digital, principalmente pela adoção de tecnologias como computação em nuvem, internet das coisas, entre outras.

Década de 2020: inovação

Na era da Quarta Revolução Industrial, a adaptabilidade contínua, a capacidade de gerenciar a inovação e a liderança em ambientes complexos e dinâmicos são competências essenciais para o sucesso dos projetos e a competitividade organizacional (MCGRATH; KOŠŤÁLOVÁ, 2020).

A Quarta Revolução Industrial exige que os gerentes de projetos lidem com tecnologias disruptivas e ambientes de alta incerteza, bem como quebrem barreiras para o gerenciamento de projetos de transformação digital (ALALOUL *et al.*, 2020).

Segundo Tsiligiris e Bowyer (2021), o desenvolvimento de competências é fundamental para alcançar o sucesso dos projetos. Além disso, a pandemia de COVID-19 acelerou a necessidade de competências digitais e a resiliência organizacional, essenciais para a continuidade dos projetos (EBEKOZIEN; AIGBAVBOA, 2021).

O WEF (2020) destaca que, no contexto da Quarta Revolução Industrial, as competências mais valorizadas incluem pensamento analítico, inovação, aprendizagem ativa, resiliência, tolerância ao estresse, flexibilidade, liderança e influência social. Essas competências são essenciais para enfrentar os desafios trazidos pelas novas tecnologias e pela transformação digital, permitindo que os gerentes de projetos se adaptem rapidamente às mudanças e mantenham a competitividade das suas organizações.

Aplicação das competências nos projetos

Para ilustrar a aplicação prática das competências em gerenciamento de projetos, considere os seguintes exemplos em diferentes setores:

- **TI:** um profissional de projetos de TI precisa combinar competências técnicas, como programação e gerenciamento de sistemas, com competências comportamentais, como trabalho em equipe e comunicação eficaz, para desenvolver soluções de software de forma colaborativa e inovadora (KERZNER, 2017).
- **Saúde:** neste setor, competências como raciocínio clínico e empatia são cruciais para garantir a qualidade do atendimento ao paciente e a eficiência operacional (KERZNER, 2017).
- **Construção civil:** gerentes de projetos na construção civil devem ter competências técnicas em engenharia, bem como habilidades comportamentais para gerenciar equipes diversas e resolver conflitos no local de trabalho (KERZNER, 2017).

Ao longo deste capítulo, exploramos a evolução das competências em gerenciamento de projetos, ressaltando sua importância no cenário de constantes mudanças nas organizações. Inicialmente, o gerenciamento de projetos estava centrado em competências técnicas, mas o conjunto necessário de competências para gerenciar projetos efetivamente se expandiu para incluir competências comportamentais, como liderança, comunicação e resolução de conflitos. As competências comportamentais reconhecidas como *soft skills* se revelaram essenciais para o sucesso dos projetos em ambientes colaborativos e em constante transformação.

Com o advento das metodologias ágeis e a chegada da Quarta Revolução Industrial, tornou-se claro que os gerentes de projetos precisavam de uma combinação equilibrada de *hard skills* e *soft skills*. A adaptabilidade e o domínio de tecnologias emergentes, como IA e *blockchain*, passaram a ser igualmente importantes para liderar projetos com eficácia.

Dessa forma, o desenvolvimento contínuo desse conjunto de competências, tanto técnicas quanto comportamentais e digitais, é fundamental para garantir que os projetos sejam conduzidos com sucesso, contribuindo para a competitividade e o crescimento das organizações. Por outro lado, a falta de competências adequadas pode ser um fator determinante para o fracasso dos projetos, evidenciando a necessidade de um compromisso constante com a formação e o aprimoramento profissional.

A mensagem que esses autores desejam passar para você é que a integração dessas competências se torna vital para que os gerentes de projetos enfrentem os desafios atuais e futuros, assegurando não apenas a execução bem-sucedida dos projetos, mas também o fortalecimento da posição estratégica das organizações no mercado global.

2. *Frameworks* de competências em gerenciamento de projetos

No cenário empresarial contemporâneo, as metodologias de gerenciamento de projetos evoluíram para incluir abordagens preditivas, ágeis e híbridas. Cada uma dessas metodologias requer um conjunto específico de competências para garantir o sucesso dos projetos. Este capítulo explora a importância das competências em gerenciamento de projetos nesses três contextos, destacando como essas competências são aplicadas e desenvolvidas.

Competências em ambientes preditivos

A abordagem preditiva ou tradicional, frequentemente referida como cascata (*waterfall*), é caracterizada por um planejamento detalhado e uma execução sequencial das fases do projeto. Este método segue uma ordem linear onde cada fase deve ser concluída antes que a próxima comece. As principais fases incluem concepção, design, desenvolvimento, testes, implementação e manutenção, conforme apresentado na Figura 3.

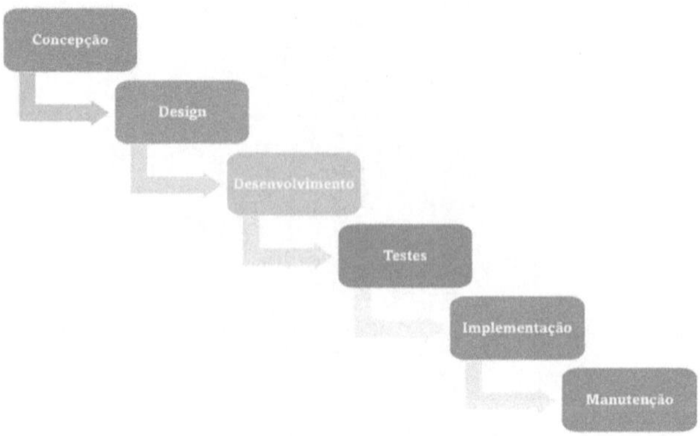

Figura 3. Abordagem cascata.
Fonte: os autores.

A rigidez dessa abordagem torna-a ideal para projetos onde os requisitos são bem definidos desde o início e pouco propensos a mudanças significativas durante o ciclo de vida do projeto (MORRIS, 2013). Nesse contexto de previsibilidade, as competências fundamentais incluem habilidades robustas de planejamento, organização, gestão de cronogramas e controle de riscos. Segundo o *AIPM Professional Competency Standards*, essas competências são essenciais para garantir que todos os aspectos do projeto sejam minuciosamente planejados e que os recursos sejam geridos eficientemente (AIPM, 2021).

Por exemplo, a capacidade de desenvolver um plano de projeto detalhado e abrangente é essencial para prever e alocar recursos adequadamente. A competência de identificar e mitigar riscos permite ao profissional de projetos antecipar problemas potenciais e desenvolver estratégias para evitá-los, garantindo a entrega no prazo e no orçamento estipulados. As principais competências relacionadas aos métodos preditivos de gerenciamento de projetos incluem:

- **Planejamento e organização:** capacidade de desenvolver planos detalhados de projeto que cobrem todas as fases desde a concepção até o encerramento do projeto.
- **Gestão de cronograma:** capacidade de criar e manter cronogramas realistas, garantindo a entrega pontual dos resultados.
- **Gestão de riscos:** identificação, análise e mitigação de riscos potenciais que podem afetar o projeto.
- **Comunicação:** habilidade para se comunicar claramente com todas as partes interessadas, garantindo que todos estejam informados sobre o progresso e as mudanças no projeto. Nesse contexto, a comunicação está mais relacionada a uma competência técnica.

Essas competências são críticas para manter o controle sobre projetos complexos e garantir que os objetivos sejam alcançados nos limites estabelecidos.

Competências em ambientes ágeis

A abordagem ágil de gerenciamento de projetos, exemplificada por metodologias como *Scrum* e *Kanban*, é predominantemente flexível e adaptativa. Em vez de seguir um caminho linear, os projetos ágeis são desenvolvidos em iterações curtas chamadas *sprints*, permitindo ajustes frequentes com base no *feedback* contínuo dos *stakeholders*. Essa abordagem é particularmente eficaz em ambientes dinâmicos onde os requisitos podem evoluir rapidamente e a capacidade de adaptação é fundamental para o sucesso do projeto (SCHWABER; SUTHERLAND, 2020), como descrito na Figura 4.

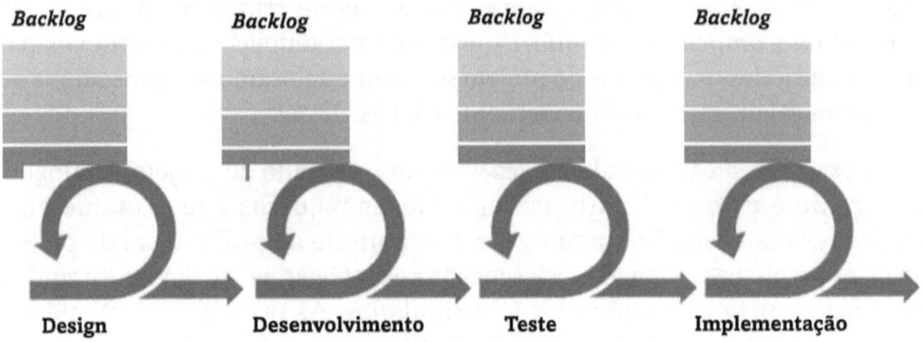

Figura 4. Abordagem ágil de gerenciamento de projetos.
Fonte: os autores.

As competências em ambientes ágeis incluem adaptabilidade, colaboração, facilitação de reuniões e entrega incremental. O *PRINCE2® Agile* destaca a necessidade de habilidades comportamentais como auto-organização, colaboração e transparência (AXELOS, 2015).

Um exemplo de competência ágil é a habilidade de conduzir reuniões diárias eficazes, conhecidas como *stand-up meetings*, ou *dailies*, que mantêm a equipe alinhada e informada sobre o progresso e os obstáculos. As principais competências incluem:

- **Adaptabilidade:** capacidade de se ajustar rapidamente às mudanças nas prioridades e nos requisitos do projeto.
- **Colaboração:** habilidade para trabalhar efetivamente com a equipe e as partes interessadas para alcançar objetivos comuns.
- **Facilitação de reuniões:** conduzir reuniões de planejamento, revisões e retrospectivas de maneira eficaz.
- **Entrega incremental:** foco na entrega contínua de valor por meio de iterações curtas e frequentes (PMI, 2021).

Essas competências permitem que os profissionais de projetos respondam rapidamente às mudanças e mantenham a equipe engajada e produtiva.

Competências em ambientes híbridos

A abordagem híbrida combina elementos das metodologias preditivas e ágeis, permitindo adaptar a estratégia de gerenciamento às necessidades específicas do projeto. Esta abordagem é útil em projetos que possuem alguns requisitos estáveis e bem definidos, mas também necessitam de flexibilidade para lidar com incertezas e mudanças rápidas (PMI, 2017). A metodologia híbrida permite que os gerentes de projetos utilizem práticas de métodos preditivos para as partes estáveis do projeto, enquanto aplicam práticas ágeis nas áreas que requerem maior adaptabilidade. A Figura 5 representa a abordagem híbrida.

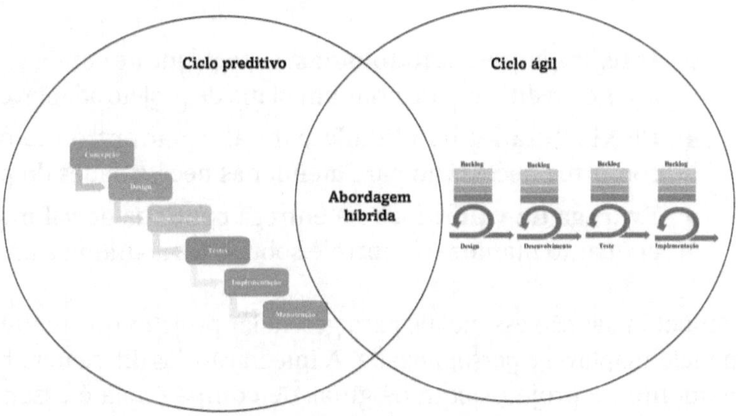

Figura 5. Abordagem híbrida.
Fonte: os autores.

Trata-se de um processo sinérgico no qual ambas as abordagens trabalham juntas para garantir a entrega eficaz dos objetivos do projeto (SERRADOR; PINTO, 2015). O ciclo preditivo é essencial para lidar com a previsibilidade e escalabilidade dos projetos, proporcionando uma estrutura clara e cronogramas mais controlados. No entanto, quando os requisitos são incertos e novas abordagens precisam ser desenvolvidas, o ciclo ágil oferece flexibilidade, permitindo iterações contínuas e entregas incrementais (CONFORTO; AMARAL, 2016).

É importante destacar que esses ciclos não seguem uma ordem rígida, sendo aplicados conforme a necessidade do projeto. Um exemplo dessa abordagem híbrida pôde ser observado durante a construção de unidades de saúde durante a pandemia de COVID-19. Inicialmente, quando não havia clareza sobre os prazos e requisitos, a abordagem ágil permitiu que essas unidades fossem criadas rapidamente para atender às necessidades emergenciais. À medida que os requisitos e prazos se tornaram mais claros, as soluções puderam ser escaladas utilizando métodos preditivos, promovendo maior estabilidade e controle no projeto (PAPKE-SHIELDS; BOYER-WRIGHT, 2017).

As competências necessárias em um ambiente híbrido incluem a capacidade de alternar entre práticas ágeis e preditivas, mantendo uma comunicação eficaz com todas as partes interessadas. Conforme a ISO 21502:2020, as competências importantes incluem planejamento, monitoramento e controle, bem como a habilidade de se adaptar às necessidades das partes interessadas (ISO, 2020).

Um exemplo de competência híbrida é a habilidade de desenvolver um plano de projeto que combine elementos de um cronograma tradicional com *sprints* ágeis, permitindo ajustes rápidos conforme necessário. A capacidade de comunicação eficaz garante que todas as partes interessadas estejam alinhadas, independentemente da metodologia utilizada, promovendo uma coordenação eficiente e a entrega bem-sucedida do projeto (PMI, 2017). As principais competências em projetos híbridos incluem:

- **Integração de metodologias:** capacidade de combinar práticas ágeis e preditivas para criar um plano de projeto adaptável e eficaz.
- **Flexibilidade:** habilidade para alternar entre metodologias conforme necessário para atender às necessidades do projeto.
- **Entrega de valor:** foco na entrega contínua de valor ao cliente enquanto mantém o controle sobre o cronograma e orçamento.

Essas competências são essenciais para gerenciar projetos que requerem uma abordagem mais adaptável e personalizada. A integração das diferentes abordagens de gerenciamento de projetos com os guias de competência é essencial para garantir que os gerentes de projetos estejam bem-preparados para enfrentar os desafios específicos de cada metodologia. Guias como o *IPMA Individual Competence Baseline* (ICB), o PMCDF, o *AgilePM Handbook* (APMH), o *APM Competence Framework* (APMCF), o *AIPM Professional Competency Standards* (APCS) e o ISO 21502:2020 fornecem *frameworks* e normas para desenvolver e avaliar as competências necessárias para o sucesso em ambientes preditivos, ágeis e híbridos.

Esses guias identificam as competências cruciais, como planejamento detalhado, adaptabilidade, colaboração e integração de metodologias, e oferecem ferramentas e métodos para diagnosticar e aprimorar essas competências. Por exemplo, o PMCDF do PMI enfatiza a importância do conhecimento, do desempenho e dos atributos pessoais, enquanto o APMH destaca a adaptabilidade e a colaboração em ambientes ágeis. Ao alinhar as práticas de gerenciamento de projetos com as diretrizes desses guias, os gerentes de projetos podem assegurar que possuem as competências necessárias para conduzir projetos com sucesso, independentemente da abordagem utilizada.

Propósito dos guias de competência

Os guias de competência são ferramentas essenciais para o desenvolvimento profissional dos gerentes de projetos. Eles fornecem uma estrutura para identificar, desenvolver e avaliar as competências necessárias para o sucesso em diferentes ambientes de projetos, conforme descrito na Tabela 3.

Tabela 3. Guias de competências.
Fonte: os autores.

Padrões	Objetivo	Competências importantes	Diagnóstico	Utilização
APMH	Fornecer orientação sobre a aplicação de práticas ágeis em projetos.	Adaptabilidade, colaboração, facilitação e entrega incremental.	Revisões de desempenho de *sprint* e *feedback* contínuo.	Implementar práticas ágeis e melhorar a eficácia da equipe ágil.
Agile PM Handbook	Projetado para apoiar tanto a formação de profissionais quanto o desenvolvimento de competência na gestão de projetos ágeis, com foco em práticas iterativas e incrementais.	Colaboração, planejamento ágil, gestão de mudanças.	O diagnóstico das competências pode ser realizado por meio de autoavaliação e *feedback* contínuo de colegas e *stakeholders*.	Recurso contínuo para gerentes de projetos, ajudando-os a integrar práticas ágeis no processo de entrega de soluções e a melhorar suas habilidades ao longo do tempo.
APCS (AIPM)	Proporcionar uma estrutura abrangente para o desenvolvimento de competências em gerenciamento de projetos.	Gestão de cronograma, gestão de recursos projetos, gestão das partes interessadas, resolução de problemas e comunicação, entre outras.	Autoavaliação e avaliações estruturadas com base em evidências de desempenho.	Avaliar e desenvolver competências específicas para melhorar o desempenho do projeto e alcançar objetivos estratégicos.
ICB	Fornece um padrão global para as competências de gerenciamento de projetos, programas e portfólios.	Técnicas, comportamentais e contextuais.	Avaliações baseadas em evidências e *feedback* 360 graus.	Desenvolver planos de desenvolvimento profissional personalizados e orientar certificações.

Padrões	Objetivo	Competências importantes	Diagnóstico	Utilização
ISO 21502	Fornece diretrizes para o gerenciamento de projetos, aplicáveis a qualquer organização e tipo de projeto.	Planejamento, gestão de benefícios, gestão de escopo, gestão de recursos, gestão de cronograma, gestão de custos, gestão de riscos, gestão de *stakeholders*, gestão de comunicação e gestão de mudanças.	Avaliações estruturadas com base em critérios normativos definidos.	Guiar a implementação de boas práticas de gerenciamento de projetos de acordo com padrões internacionais reconhecidos.
P2M	Visa promover a inovação empresarial por meio do gerenciamento de projetos e programas.	Inovação e criatividade, gerenciamento estratégico, gerenciamento de benefícios e liderança.	Ferramentas para autoavaliação, bem como avaliações de 360 graus e *feedback* de *stakeholders*.	Guiar o desenvolvimento profissional e o planejamento de carreira, bem como assegurar que as competências necessárias para a inovação e o sucesso empresarial sejam desenvolvidas e mantidas.
PMCDF	Estabelecer um caminho claro para o desenvolvimento e a avaliação das competências dos gerentes de projetos.	Conhecimento, desempenho e atributos pessoais.	Avaliações baseadas em desempenho real e autoavaliações.	Guiar o desenvolvimento contínuo e as certificações PMI®.

Padrões	Objetivo	Competências importantes	Diagnóstico	Utilização
Project Manager Competency Framework (CIC)	Projetado para a indústria da construção, visa identificar as competências necessárias para gerenciar projetos de construção eficazmente.	Conhecimento técnico, gerenciamento de contratos, segurança e saúde no trabalho e gerenciamento de equipes.	Autoavaliações e avaliações por pares, bem como a análise de desempenho histórico e *feedback* de *stakeholders*.	Desenvolver programas de treinamento e certificação específicos para a indústria da construção, além de servir como um guia para o recrutamento e a gestão de talentos.
SAFe®	Garantir que os profissionais possuam as competências necessárias para implementar e apoiar a adoção do SAFe® em organizações.	Implementação do SAFe®, treinamento e coaching, facilitação de eventos e transformação organizacional. Liderança ágil, cultura de aprendizado, agilidade técnica.	Inclui autoavaliações, feedback de colegas e stakeholders, bem como certificações que avaliam o conhecimento e a aplicação prática dos princípios do SAFe®.	Guiar a implementação e a adoção contínua do SAFe®, fornecendo treinamento, coaching e suporte às organizações durante todo o processo de transformação ágil.

Ao analisar os diferentes guias de competência, fica claro que cada um oferece um enfoque particular, refletindo as necessidades e os contextos específicos dos projetos e das indústrias a que visam atender.

Cada um desses guias oferece um enfoque particular. O guia ICB é abrangente, enfatiza uma abordagem holística, englobando competências técnicas, comportamentais e contextuais, essenciais para um gerenciamento de projetos eficaz em diversos cenários (IPMA, 2015).

Já o guia PMCDF é estruturado e prático, focando no desenvolvimento contínuo e na certificação, ajudando a garantir que os gerentes de projetos mantenham altos padrões de competência ao longo de suas carreiras (PMI, 2017). Tanto o APCS quanto o CIC são adequados para o segmento de construção e gestão de propriedades e planejamento urbano (RICS, s.d.; CIC, s.d.). O APM é útil para profissionais globais ou aqueles que desejam desenvolver suas competências em um contexto internacional, ideal para empresas multinacionais (APM, 2015).

O AIPM visa o mercado australiano ou aqueles que desejam obter certificações da AIPM, focando no desenvolvimento de competências com uma perspectiva localizada e voltada para o mercado australiano (AIPM, s.d.).

O SAFe® aborda competências específicas para a implementação de práticas ágeis em larga escala nas organizações (SAFE STUDIO, s.d.). Por fim, temos o P2M, cuja ênfase está no desenvolvimento holístico das competências de gerentes de projetos e programas, com um foco em gestão de complexidade e alinhamento estratégico.

Estes guias apresentam uma ampla variedade de enfoques e objetivos, adaptando-se a diferentes necessidades organizacionais e contextos de projetos. Sendo assim, o processo decisório para a escolha do guia mais adequando para sua carreira profissional requer a análise de alguns critérios importantes:

- **Metodologia adotada:** dependendo da metodologia adotada (preditiva, ágil ou híbrida), o guia mais adequado pode variar bastante:
    - **Projetos preditivos (*waterfall*):** se o projeto for bem definido desde o início, com requisitos claros e pouca variação ao longo do seu ciclo de vida, o guia mais apropriado é aquele que prioriza o planejamento detalhado, o controle rigoroso e a execução sequencial das fases. Nesse caso, tanto o PMCDF quanto o ICB são as opções ideais. Esses guias oferecem uma estrutura robusta para garantir que todas as fases do projeto sejam executadas conforme o planejado, com ênfase em cronograma, orçamento e mitigação de riscos.
    - **Projetos ágeis:** para projetos que exigem flexibilidade e adaptação contínua, com requisitos que mudam ao longo do tempo, a escolha de um guia deve se basear em *frameworks* que priorizem a colaboração e a entrega incremental de valor. O APMH e o SAFe® são os guias recomendados para ambientes ágeis. Eles promovem a adaptabilidade, a comunicação eficiente entre equipes e *stakeholders*, além de incentivarem ciclos rápidos de entrega que se ajustam às mudanças rápidas nos requisitos.
    - **Projetos híbridos:** quando o projeto combina aspectos das abordagens preditiva e ágil, o profissional de projetos precisa de um guia que ofereça flexibilidade para adaptar as práticas às necessidades específicas do projeto. Nessa situação, o ISO 21502 e o AIPM se destacam. Esses guias

são equilibrados e oferecem tanto controle quanto flexibilidade, permitindo ao profissional de projetos equilibrar a estabilidade das partes previsíveis do projeto com a agilidade necessária para lidar com mudanças.

- **Estágio da carreira profissional:** cada nível de experiência demanda diferentes tipos de desenvolvimento de competências, sendo importante que o guia escolhido se alinhe ao nível de experiência do profissional de projetos:
  - **Iniciantes:** para quem está começando na carreira, o foco deve ser em guias que proporcionem uma base de conhecimento técnico e competências comportamentais essenciais. O PMCDF e o APCS abordam aspectos fundamentais do gerenciamento de projetos, desde o planejamento até a comunicação eficaz com as partes interessadas.
  - **Experientes:** para profissionais de projetos que buscam especialização ou aprimoramento contínuo de suas competências, o SAFe® e o P2M são mais indicados. Esses guias oferecem um aprofundamento nas competências necessárias para lidar com ambientes de projetos dinâmicos e complexos, permitindo que o profissional se ajuste rapidamente às mudanças e integre práticas ágeis em projetos maiores e mais complexos.

- **Requisitos de mercado local ou internacional:** o mercado no qual o profissional atua também pode influenciar sua escolha. Considere os guias que sejam mais reconhecidos em cada contexto:
  - **Mercado local:** se o objetivo é desenvolver competências no contexto de um mercado específico, como o australiano, o AIPM ou o APCS são guias focados nesse cenário, adaptados às necessidades e aos requisitos do mercado local.
  - **Mercado internacional:** para profissionais que trabalham em contextos globais ou em empresas multinacionais, os guias ICB e PMI são mais indicados por serem amplamente reconhecidos internacionalmente. Eles fornecem uma estrutura globalizada para o desenvolvimento de competências, garantindo que o profissional de projetos esteja apto a lidar com diferentes requisitos e desafios em qualquer parte do mundo.

A escolha do guia de competências mais adequado deve ser feita com base em uma análise criteriosa. Ao fazer essa escolha de maneira estratégica, o profissional aumentará suas chances de sucesso, tanto no gerenciamento de projetos quanto no avanço da sua carreira.

Este capítulo explorou como as competências variam e são aplicadas nos ambientes preditivos, ágeis e híbridos, oferecendo uma compreensão detalhada de cada abordagem. Além disso, o capítulo enfatizou que a correta escolha do guia de competências pode contribuir para o desenvolvimento da carreira profissional e o sucesso dos projetos.

3. Técnicas e ferramentas para avaliação de competências em gerenciamento de projetos

O gerenciamento de projetos é uma área multifacetada que exige uma combinação de competências técnicas, comportamentais e contextuais. Entender como avaliar as competências de gerenciamento de projetos contribui para que os gerentes de projetos estejam aptos a lidar com a diversidade e a complexidade dos projetos modernos.

As técnicas são abordagens práticas que ajudam a desenvolver as competências técnicas e comportamentais do profissional de projetos, permitindo que este se adapte às diferentes exigências do projeto e de sua equipe. Já as ferramentas são instrumentos que facilitam a aplicação das técnicas (APM, 2015; AIPM, 2021).

Este capítulo aborda as principais técnicas e ferramentas para a avaliação de competências em gerenciamento de projetos, incluindo autoavaliação, avaliação 360 graus, entrevistas por competências, observação direta, testes e simulações, e sistemas de gestão de competências (PMI, 2017; IPMA, 2015).

Essas técnicas estão apresentadas na Tabela 4.

Tabela 4. Técnicas de avaliação de competências.
Fonte: os autores.

Técnica	Ferramentas e técnicas
Autoavaliação	Questionários de autoavaliação, Ferramentas de reflexão guiada, Ferramentas *on-line* e aplicativos, Modelos personalizados de competências, Ferramentas de *feedback* 360 graus adaptadas para autoavaliação
Avaliação 360 graus	Coleta de *feedback* de superiores, colegas, subordinados e clientes

Técnica	Ferramentas e técnicas
Entrevistas por competências	Entrevistas estruturadas, Técnica STAR, *Behavioral Event Interview* (BEI), Técnica de incidentes críticos, *Competency-based interviewing,* Matriz de avaliação de competências
Observação direta	Monitoramento do desempenho em atividades diárias
Testes e simulações	Testes de conhecimento, Simulações práticas
Sistemas de Gestão de Competências (SGC)	Centralização de informações sobre competências
***Feedback* estruturado**	Utilização de formulários padronizados e critérios de avaliação claros

Essas técnicas estão explicadas a seguir.

Autoavaliação

A autoavaliação permite aos gerentes de projeto refletirem sobre suas próprias habilidades, conhecimentos e desempenho. Segundo um estudo de Dunning, Heath e Suls (2004), a autoavaliação pode ser subjetiva, mas, quando combinada com *feedback* externo, pode melhorar a autoconsciência e motivar o desenvolvimento pessoal.

Esta abordagem é frequentemente utilizada em programas de desenvolvimento profissional contínuo. A seguir são discutidas as principais ferramentas para realizar autoavaliação de competências em gerenciamento de projetos, sumarizadas na Tabela 5.

Tabela 5. Ferramentas de autoavaliação.
Fonte: os autores.

Ferramenta	Descrição	Exemplos de uso
Questionários de autoavaliação	Formulários estruturados com perguntas específicas sobre competências de gerenciamento de projetos.	*PMI Self-Assessment Tool* (PMI, 2021)
		ICB Self-Assessment (IPMA, 2015)

Ferramenta	Descrição	Exemplos de uso
Ferramentas de reflexão guiada	Recursos que incentivam a análise crítica de experiências e desempenho passado.	Diários de reflexão (SCHÖN, 1983)
		Guias de reflexão (MEZIROW, 1990)
Ferramentas *on-line* e aplicativos	Plataformas que oferecem autoavaliação com acesso conveniente a recursos interativos.	MySkillsProfile (s.d.)
		StrengthsFinder (RATH, 2007)
Modelos personalizados de competências	Modelos criados por empresas para refletir suas necessidades e critérios de avaliação internos.	Modelos internos de competência (SPENCER; SPENCER, 1993)
Ferramentas de *feedback* 360 graus adaptadas para autoavaliação	Adaptação da avaliação 360 graus para comparar a autoavaliação com *feedback* externo.	*SurveyMonkey* (s.d.)
		Qualtrics (s.d.)
		Google Forms

Questionários de autoavaliação

Os questionários de autoavaliação são úteis e práticos, podendo ser personalizados conforme as necessidades da organização, ou mesmo para o planejamento de carreira dos profissionais. Para utilizar tais ferramentas, é necessário seguir os passos apresentados na Figura 6.

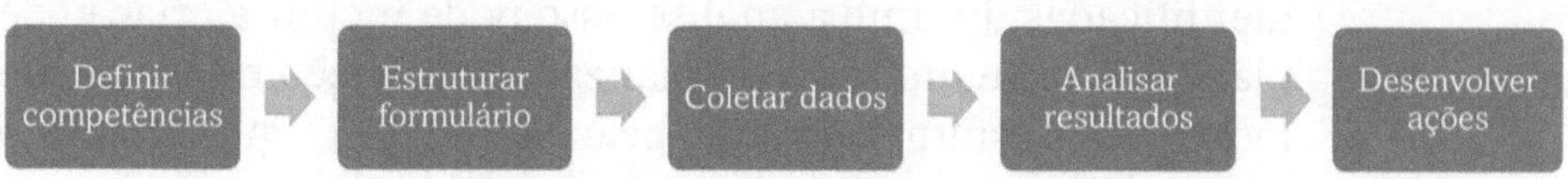

Figura 6. Passos para utilização de ferramentas de avaliação de competências. Fonte: os autores.

- **Definir competências:** identifique as competências específicas a serem avaliadas, como liderança ou comunicação. O guia AIPM (2021) sugere que, ao focar em competências específicas como liderança ou comunicação, os profissionais podem se concentrar nas habilidades mais importantes para o seu projeto. Isso pode incluir, por exemplo, competências técnicas como o gerenciamento de riscos ou habilidades comportamentais como a resolução de conflitos. Para que a autoavaliação seja relevante, é necessário que a definição dessas competências seja clara.

- **Estruturar formulário:** use perguntas em escala (por exemplo: escala de 5 pontos de Likert) para medir de forma objetiva o nível de competência (APM, 2015). Você pode também incluir perguntas abertas para *feedback* detalhado. Perguntas abertas para *feedback* são questões formuladas de maneira a permitir que os respondentes expressem opiniões, sentimentos e experiências com liberdade, sem restrições a opções predeterminadas. Segundo Chaer, Diniz e Ribeiro (2011), essa abordagem é especialmente útil quando se busca captar a diversidade de opiniões e experiências dos participantes, oferecendo uma visão mais rica e detalhada das competências avaliadas.
- **Coletar dados:** distribua o formulário de forma anônima ou identificável, dependendo do objetivo da avaliação.
- **Analisar resultados:** ferramentas como o *Google Sheets* podem ser empregadas para organizar os dados, visualizando os resultados e identificando as lacunas de competências. Segundo o guia APM (2015), essa análise permite que os profissionais de projetos identifiquem de forma objetiva as áreas em que necessitam de melhorias. A análise pode incluir a comparação dos resultados individuais com *benchmarks* de competência definidos por guias como o PMCDF (PMI, 2017), que estabelece um caminho claro para o desenvolvimento contínuo das competências necessárias para gerenciar projetos.
- **Desenvolver ações:** a última etapa envolve desenvolver ações para abordar as lacunas ou as oportunidades de desenvolvimento identificadas durante a análise. Isso pode incluir a criação de planos de treinamento personalizados ou a recomendação de mentorias, conforme sugerido pelo AIPM (2021), que enfatiza o desenvolvimento contínuo de competências como um componente para o avanço da carreira. O desenvolvimento de ações também pode ser ajustado com base nas necessidades específicas de cada profissional ou da organização, garantindo que o processo de desenvolvimento seja eficaz e adaptado ao contexto específico do projeto ou mercado.

A técnica de autoavaliação é uma prática fundamental para o desenvolvimento contínuo de gerentes de projetos.

Avaliação 360 graus

A avaliação 360 graus coleta *feedback* de múltiplas fontes, como supervisores, colegas, subordinados e o próprio profissional, proporcionando uma visão abrangente sobre o seu desempenho. Hazucha, Hezlett e Schneider (1993) apontam que os instrumentos de *feedback* 360 graus são eficazes na identificação de lacunas de competência e no suporte ao desenvolvimento gerencial.

Esta abordagem permite coletar uma diversidade de perspectivas, que oferece uma visão mais completa do desempenho profissional (DENISI; KLUGER, 2000) promovendo mudanças comportamentais com base em informações detalhadas resultantes do *feedback* recebido (LUTHANS; PETERSON, 2003). Por outro lado, pode haver desvantagens, como a sobrecarga de informações para o avaliado e a dificuldade de conciliar *feedbacks* divergentes (WALDMAN; ATWATER; ANTONIONI, 1998). Além disso, se o processo não for bem conduzido, pode gerar resistências e resultados opostos aos esperados (LUTHANS; PETERSON, 2003). Para o profissional de projetos, é necessário abordar esse *feedback* como oportunidade de aprendizado, mantendo a mente aberta. Outra recomendação se refere a receber *feedbacks* divergentes: é importante analisar os padrões em vez de focar nas discrepâncias individuais (HAZUCHA; HEZLETT; SCHNEIDER, 1993). Por fim, contar com o apoio de um *coach* ou mentor pode ajudar na interpretação dos dados e na elaboração de um plano de desenvolvimento efetivo (LUTHANS; PETERSON, 2003).

Uma prática que pode ser incluída durante a aplicação desta abordagem é o *coaching* sistemático. Segundo Luthans e Peterson (2003), essa prática pode aumentar a autopercepção dos gerentes e melhorar as atitudes dos funcionários, impactando indiretamente o desempenho organizacional.

Entrevistas por competências

As entrevistas por competências são usadas para explorar como os gerentes de projetos aplicaram suas habilidades em situações passadas. De acordo com McClelland (1973), este método é eficaz para prever o desempenho futuro com base em comportamentos passados. Este tipo de entrevista permite avaliar tanto competências técnicas quanto comportamentais de forma detalhada e específica. Na Tabela 6 é apresentado um resumo das ferramentas.

Tabela 6. Ferramentas para entrevistas por competências.
Fonte: os autores.

Ferramenta/Técnica	Descrição
Entrevistas estruturadas	Perguntas padronizadas baseadas em competências específicas, assegurando consistência e objetividade na avaliação. As perguntas devem ser baseadas em situações reais e desafiadoras no contexto de projetos (CAMPION; PALMER; CAMPION, 1997).
Técnica STAR	Estrutura as respostas em quatro etapas: Situação, Tarefa, Ação e Resultado, permitindo que os candidatos forneçam exemplos específicos de suas experiências (UDDIN; TANCHI; ALAM, 2012; TAMILARASI, 2015)
***Behavioral Event Interview* (BEI)**	Desenvolvida por David McClelland (1973), esta técnica revela como os candidatos aplicam suas habilidades em situações contextuais.
Técnica de incidentes críticos (CIT)	Coleta exemplos de comportamentos eficazes e ineficazes que os candidatos demonstraram em experiências passadas. Esta técnica ajuda a identificar competências e áreas de melhoria (FLANAGAN, 1954).
***Competency-based interviewing* (CBI)**	Perguntas específicas baseadas nas competências críticas para a função, como liderança, comunicação e resolução de problemas onde as perguntas devem ser projetadas para obter exemplos comportamentais detalhados (SHIPPMANN *et al.*, 2000).
Matriz de avaliação de competências	Compara as respostas dos candidatos com as competências definidas, facilitando a avaliação objetiva e visual das lacunas e habilidades (LEPSINGER; LUCIA, 2009).

Técnica STAR

A técnica STAR é utilizada para avaliar competências por meio da análise de situações passadas vivenciadas pelos entrevistados. STAR é um acrônimo para Situação (S), Tarefa (T), Ação (A) e Resultados (R). A técnica organiza respostas em quatro etapas, permitindo ao avaliador compreender melhor o contexto e as ações do indivíduo:

1. **Situação:** qual era o cenário ou o problema enfrentado?
2. **Tarefa:** qual era a responsabilidade ou objetivo a ser alcançado?
3. **Ação:** quais medidas ou estratégias foram adotadas para resolver a situação?
4. **Resultados:** quais foram os resultados alcançados ou o impacto das ações? (TAMILARASI, 2015; UDDIN; TANCHI; ALAM, 2012).

Em gerenciamento de projetos, é possível identificar como o profissional de projetos lida com desafios relacionados a escopo, cronograma, riscos, equipe, entre outros aspectos. Além disso, oferece uma visão estruturada sobre habilidades comportamentais essenciais, como resolução de problemas, liderança e comunicação (RODRIGUES; RODRIGUES; LAMAS, 2012). Por exemplo, para avaliar a habilidade de um profissional de projetos em gerenciar riscos, são feitas as seguintes perguntas:

- **Situação:** "descreva um projeto em que enfrentou um risco significativo."
- **Tarefa:** "o que era necessário fazer para mitigar o impacto desse risco?"
- **Ação:** "quais ações específicas você tomou?"
- **Resultados:** "qual foi o impacto final dessas ações no sucesso do projeto?"

O candidato pode responder que, em um projeto de TI, identificou um risco relacionado à falta de compatibilidade entre sistemas (situação), planejou um teste piloto (tarefa), realizou simulações e ajustes (ação) e reduziu atrasos no cronograma em 30% (resultado).

Este foco em situações reais em situações reais evita respostas genéricas e permite avaliações baseadas em experiências práticas (RODRIGUES; RODRIGUES; LAMAS, 2012). Por outro lado, a técnica depende da memória do avaliado, o que pode dificultar a lembrança de detalhes sobre experiências antigas (UDDIN; TANCHI; ALAM, 2012). Também há risco de subjetividade, já que a capacidade de comunicação pode influenciar a percepção das competências (TAMILARASI, 2015).

Esta técnica é simples, direta e permite estruturar respostas com clareza e facilitar a avaliação das competências.

Behavioral Event Interview (BEI)

Técnica utilizada para identificar competências essenciais por meio da análise de comportamentos específicos em eventos passados. Durante a entrevista, o entrevistador solicita que o participante descreva situações detalhadas, focando em pensamentos, sentimentos e ações que levaram ao sucesso ou fracasso em um contexto específico (MCCLELLAND, 1973). Essa abordagem ajuda a mapear competências que predizem o desempenho futuro no trabalho (SPENCER; SPENCER, 1993). Em gerenciamento de projetos, além de avaliar competências comportamentais, ela permite identificar comportamentos que diferenciam gerentes de alto desempenho, auxiliando na seleção, no desenvolvimento e no planejamento sucessório (DAINTY; CHENG; MOORE, 2005). O BEI pode ser aplicado durante processos de recrutamento, avaliações de desempenho ou revisões de projetos. A entrevista pode incluir perguntas como:

1. "Descreva uma situação desafiadora em um projeto recente."
2. "Quais ações você tomou para resolver o problema?"
3. "Qual foi o resultado e como ele impactou o projeto?"

Com essas respostas, analisam-se os comportamentos subjacentes, comparando-os a modelos de competências predefinidos. Por exemplo, um gerente deseja avaliar a competência de liderança de um profissional. Durante a BEI, o profissional descreve uma situação em que precisou gerenciar conflitos entre membros da equipe para cumprir um prazo crítico. Ele relata como mediou as discussões, redefiniu as prioridades e motivou a equipe, resultando na entrega bem-sucedida do projeto. A análise dessa narrativa revela habilidades de comunicação, resolução de conflitos e liderança sob pressão.

Esta técnica ajuda a prever o desempenho futuro com base em experiências reais (MCCLELLAND, 1973; SPENCER; SPENCER, 1993). Além disso, permite alinhar competências individuais às necessidades organizacionais (DAINTY; CHENG; MOORE 2005). Porém, a técnica exige entrevistadores bem treinados para evitar vieses, é demorada na coleta e análise de dados e depende da precisão e honestidade dos relatos dos participantes (MCCLELLAND, 1973; SPENCER; SPENCER, 1993; DAINTY; CHENG; MOORE, 2005).

Esta técnica é mais profunda que a STAR, concentrando-se em comportamentos-chave ligados às competências exigidas pelo cargo.

Técnica de incidentes críticos (CIT)

Foi desenvolvida por John C. Flanagan (1954) para identificar comportamentos que contribuem para o sucesso ou o fracasso em contextos específicos. A técnica coleta observações de incidentes significativos, ou "críticos", definindo-os como eventos em que ações tomadas tiveram um impacto direto no resultado final (FLANAGAN, 1954). Esses incidentes podem ser analisados para melhorar processos e identificar competências em ambientes organizacionais (SERRAT, 2017). Ela permite que gerentes identifiquem fatores críticos, compreendam a dinâmica das equipes e alinhem comportamentos às metas organizacionais (BITNER; BOOMS; TETREAULT, 1990). Além disso, a técnica ajuda na identificação de padrões comportamentais em situações de alta pressão ou imprevistos, comuns no ambiente de projetos.

Para isso, é necessário coletar relatos detalhados sobre incidentes críticos durante o ciclo de vida do projeto. Durante a análise desses relatos identificam-se os comportamentos que levaram ao sucesso ou ao fracasso e utilizam-se esses dados para ajustar treinamentos, processos e *feedback* para a equipe.

Por exemplo, em um projeto de desenvolvimento de software em que a equipe enfrentou um atraso devido a falhas na comunicação entre os desenvolvedores e os *stakeholders*, com a CIT, o gerente entrevistaria os membros da equipe para descrever o incidente. As perguntas poderiam incluir:

1. Qual era o objetivo do projeto na situação descrita?
2. Quais ações foram tomadas para resolver o problema?
3. Qual foi o resultado final?

Se a análise revelar que a falta de clareza nas expectativas foi o principal problema, o gerente pode implementar treinamentos para melhorar a comunicação e adotar ferramentas colaborativas para evitar incidentes futuros.

Esta técnica oferece a vantagem de identificar comportamentos críticos e suas consequências (FLANAGAN, 1954) e também assinalar áreas de melhoria no desempenho e promover aprendizado organizacional e desenvolvimento individual (SERRAT, 2017). No entanto, sua eficácia depende da precisão dos relatos, que podem ser influenciados por vieses pessoais (BITNER; BOOMS; TETREAULT, 1990). Ademais, demanda tempo e recursos para análise e pode não captar toda a complexidade de situações críticas sem o suporte de métodos quantitativos (SERRAT, 2017).

Competency-Based Interviewing **(CBI)**

Técnica de entrevista que foca na avaliação de competências específicas demonstradas por candidatos em situações anteriores de trabalho. Diferentemente de abordagens tradicionais, o CBI investiga como habilidades e comportamentos alinhados a determinadas competências foram aplicados para alcançar resultados esperados (SHIPPMANN *et al.*, 2000). O objetivo é prever o desempenho futuro com base em exemplos comportamentais passados. Em gerenciamento de projetos, ela pode ser utilizada para verificar se o profissional de projetos possui as competências específicas para lidar com complexidades, liderar equipes diversificadas e entregar resultados consistentes (DAINTY; CHENG; MOORE, 2005). Por fim, pode ser utilizada para avaliar a compatibilidade do profissional com os valores organizacionais e as exigências do projeto (MÜLLER; TURNER, 2010).

Observação direta

A observação direta envolve monitorar o desempenho dos gerentes de projetos em suas atividades diárias. Armstrong (2017) destacou que este método permite uma avaliação realista das competências técnicas e comportamentais, embora possa ser intrusivo se não for conduzido com cuidado. A observação direta é particularmente útil em ambientes onde o comportamento e a interação com a equipe são críticos para o sucesso do projeto. Para que a observação direta seja efetiva, se faz necessário primeiro estabelecer os critérios de avaliação.

Estes critérios devem ser claros, assim eliminando possíveis subjetividades de avaliação e assegurando que o *feedback* seja baseado em evidências concretas para promover o desenvolvimento do profissional que está sendo observado.

Por exemplo, durante a reunião, o avaliador pode usar uma lista de verificação para registrar comportamentos específicos, como a clareza na apresentação das ideias, a habilidade em mediar conflitos e o foco nos objetivos do projeto.

Testes e simulações

Testes de conhecimento e simulações práticas são ferramentas eficazes para avaliar competências técnicas. Boyatzis (1982) demonstra que essas ferramentas podem medir a proficiência dos gerentes de projetos em tarefas específicas, identificando áreas que necessitam de desenvolvimento adicional. Por exemplo, simulações de projetos reais ou estudos de caso são métodos populares de avaliação que proporcionam *insights* valiosos sobre as capacidades técnicas e a tomada de decisões dos gerentes de projetos.

Por exemplo, um profissional de projetos pode ser avaliado em uma simulação prática onde deve liderar uma equipe virtual para entregar um projeto sob pressão de prazo. Com isso, é possível observar competências como liderança, comunicação e gerenciamento de tempo.

Sistemas de Gestão de Competências (SGC)

Sistemas de gestão de competências são ferramentas que ajudam as organizações a mapear, desenvolver e monitorar as competências necessárias para profissionais de projetos, alinhando-as às necessidades estratégicas e promovendo o desenvolvimento profissional. O PMI (2017) destaca que esses sistemas permitem acompanhar o progresso das competências e criar planos de capacitação personalizados, enquanto Draganidis e Mentzas (2006) argumentam que essa abordagem facilita a adaptação organizacional às mudanças do mercado, contribuindo para a sustentabilidade e a inovação contínua.

Por exemplo, uma empresa de tecnologia usa um SGC para mapear as competências necessárias para um projeto de software. O sistema identifica que a equipe precisa de treinamento em segurança cibernética. Com base nisso, é criado um plano de capacitação personalizado para os membros da equipe, acompanhado pelo SGC durante o projeto. Ao final, o sistema avalia o impacto do treinamento nos resultados, garantindo alinhamento estratégico e desenvolvimento contínuo.

Feedback estruturado

Feedback estruturado é definido como a informação específica sobre o desempenho do indivíduo, comparando-o com um padrão previamente estabelecido, com o objetivo de melhorar habilidades ou competências específicas. Para isso, podem ser utilizadas ferramentas objetivas. Mettrau (2016) sugere, por exemplo, listas de verificação para avaliar e informar o indivíduo sobre aspectos bem executados e os que necessitam de aprimoramento, garantindo clareza e especificidade. Para sua execução, se faz necessário seguir alguns preceitos destacados por Ramani e Krackov (2012), como a clareza na comunicação dos objetivos, a observação direta do comportamento ou desempenho avaliado e a criação de um ambiente respeitoso e colaborativo.

Por exemplo, em um ambiente de projetos com abordagem ágil, o *Scrum Master* percebe que um desenvolvedor enfrenta dificuldades para atualizar as histórias de usuário no *backlog*, o que compromete a transparência e o alinhamento da equipe. Para resolver a situação, o *Scrum Master* utiliza *feedback* estruturado:

1. **Clareza nos objetivos:** o objetivo é garantir que o *backlog* reflita com precisão o progresso das tarefas, fortalecendo a transparência na *Sprint*.
2. **Observação direta:** durante as reuniões *de stand-up*, o *Scrum Master* nota que o desenvolvedor não atualiza regularmente as tarefas no *Kanban*, gerando dúvidas sobre o andamento do trabalho.

3. **Fornecimento do *feedback*:** em uma conversa individual, o Scrum Master reforça pontos positivos e áreas de melhoria:

    - **Pontos positivos:** "sua contribuição técnica é excelente e você frequentemente apoia os colegas com desafios complexos."
    - **Áreas de melhoria:** "manter o *Kanban* atualizado é essencial para a visibilidade do progresso. Percebi que algumas tarefas ficaram sem atualização, dificultando o acompanhamento pela equipe."

4. **Ação colaborativa:** juntos, decidem implementar lembretes diários para atualizações no *Kanban* e alinham a importância desse hábito para o sucesso da *Sprint*.

Esse exemplo ilustra como o *feedback* estruturado, quando aplicado de forma clara e colaborativa, pode promover ajustes comportamentais que beneficiam toda a equipe.

Conclusão

Este capítulo apresentou uma variedade de técnicas, cada uma oferecendo perspectivas distintas sobre como medir e promover competências para lidar com a complexidade dos projetos modernos. A aplicabilidade das técnicas abordadas, como STAR, BEI, CIT e CBI, mostra que a avaliação de competências não se limita à medição de habilidades individuais, mas também possibilita a identificação de lacunas organizacionais e o alinhamento estratégico. O uso combinado dessas técnicas e ferramentas reforça a eficácia dos processos avaliativos, garantindo maior precisão e impacto no desenvolvimento profissional e organizacional.

Os benefícios em termos de previsibilidade de desempenho, personalização do desenvolvimento e alinhamentos às estratégias organizacionais devem ser avaliados em função do investimento de tempo e recursos, ou seja, técnicas e ferramentas devem ser aplicadas em função do contexto e da relação custo-benefício.

Por fim, a avaliação de competências deve ser entendida como um processo contínuo, essencial não apenas para o crescimento individual, mas também para a maturidade organizacional no gerenciamento de projetos. Integrar essas práticas de forma estratégica pode transformar desafios complexos em oportunidades de inovação e excelência na execução de projetos.

4. Competências em projetos: um enfoque estratégico

As transformações socioeconômicas iniciadas nos anos 1970 impactaram profundamente as organizações, forçando a transição de estruturas burocráticas para formatos mais flexíveis (ZUO *et al.*, 2018; ALVARENGA *et al.*, 2020; VARAJÃO; SILVA; PEJIC-BACH, 2019). Com o advento da Quarta Revolução Industrial, caracterizada pela rápida adoção de tecnologias digitais inovadoras, não apenas o ambiente de trabalho foi redefinido, mas também as competências necessárias para a execução dessas atividades (WEF, 2023), influenciando diretamente a concepção de modelos de negócios e a preparação de profissionais (SUIKKI; TROMSTEDT; HAAPASALO, 2006).

Neste cenário, para manterem-se competitivas, as organizações públicas e privadas devem se adaptar rapidamente às mudanças, aprimorando processos e competências (SUIKKI; TROMSTEDT; HAAPASALO, 2006). Portanto, é essencial investir em novas competências que permitam criar valor e desenvolver produtos e serviços que atendam às demandas de mercados e da sociedade como um todo (BELKADI; BONJOUR; DULMET, 2007).

Gerenciamento de projetos e competências

Para atender às demandas de um mercado em constante mudança e maior competitividade, Lundin *et al.* (2015) defendem que as organizações adotem cada vez mais práticas de gerenciamento de projetos, exigindo dos profissionais um conjunto diverso de competências.

Competências, conforme descrito por Crawford (2003), englobam conhecimento, habilidades, experiências, traços de personalidade e atitudes. No contexto de gerenciamento de projetos, Hanna *et al.* (2016) definem as competências como a capacidade de realizar atividades de forma excepcional em ambientes dinâmicos.

Segundo o PMI (2017), as competências contribuem para alcançar resultados esperados com base em padrões definidos e aceitos. Adicionalmente, é natural que essas competências evoluam ao longo dos anos. Corroborando esta ideia, Kerzner (2017) e Ribeiro, Amaral e Barros (2021) argumentam que o desenvolvimento do gerenciamento de projetos alterou o tipo de competência necessária para se tornar um profissional competente.

Nesse cenário, entidades como WEF, PMI, *Agile Business Consortium* (ABC) e IPMA investem em pesquisas para compreender as competências necessárias aos profissionais de projetos, apresentando-as em guias ou relatórios.

Em estudos prévios, mais de 170 competências de gerenciamento de projetos foram identificadas (ROSAMILHA; SILVA; PENHA, 2023), distribuídas em diferentes tipologias de projetos, ou seja, relacionadas ao tipo de projeto pelo qual são categorizadas (TURNER; MULLER, 2006). Desse modo, é possível pressupor que as competências necessárias para o profissional de projetos são aquelas que melhor se adequam à tipologia específica de projetos, ou seja, são resultado do contexto em que o projeto vai gerar resultados (MORADI; KÄHKÖNEN; AALTONEN, 2020; AHSAN; HO; KHAN, 2013; ROSAMILHA; SILVA; PENHA, 2023).

Desempenho em gerenciamento de projetos

O desempenho de uma atividade por parte de um profissional é influenciado pelo seu nível de competência. Para Perrenoud (2011), competência é a capacidade do indivíduo de aplicar e integrar conhecimentos e experiências adquiridas em situações complexas, variadas e imprevisíveis. Portanto, a execução eficaz de uma tarefa demanda a aplicação de conhecimentos específicos, habilidades adequadas e uma atitude que demonstre disposição para realizar as atividades (DA SILVA *et al.*, 2022).

Assim, profissionais de gerenciamento de projetos competentes utilizam de maneira consistente seus conhecimentos e habilidades adicionais para aumentar a probabilidade de entregar projetos que satisfaçam as exigências das partes interessadas (PMI, 2017). A utilização das competências nos projetos é um dos fatores que ajudam as organizações a atingir os seus objetivos de negócio (ARTTO; WIKSTRÖM, 2005; CHIPULU *et al.*, 2013).

Nesse sentido, o emprego de uma ferramenta de diagnóstico de competências visa identificar áreas de forças e fraquezas, com o propósito de auxiliar na determinação de estratégias para o aprimoramento ou desenvolvimento das competências, conforme salientado por Sitohang, Pratami e Bay (2020) e PMI (2017).

Assim, o resultado da preocupação de acadêmicos e praticantes sobre o assunto competências foi a profusão de estudos e a criação de guias de competência em gerenciamento de projetos (CRAWFORD, 2005; APM, 2015; IPMA, 2015). Na Tabela 7 são apresentados alguns dos estudos e guias de competências dos profissionais de projetos.

Tabela 7. Guias sobre competências.
Fonte: os autores.

Entidade	Modelo	Descrição
Association for Project Management (APM, 2015)	APM Competence	Efetua o diagnóstico das 29 competências de gerenciamento de projetos a como base o *framework* de competências proprietário e a escala de medição Likert de 5 pontos para avaliar o desempenho em relação aos critérios de aplicação e conhecimento.
International Project Management Association (IPMA, 2015)	ICB	Efetua o diagnóstico das competências utilizando a taxonomia de Bloom.
PMI (PMI, 2017)	PMCDF	A partir do modelo de competências próprio é sugerido que o diagnóstico de competências seja padronizado, confiável e replicável.
Association for Talent Development (ASSOCIATION FOR TALENT DEVELOPMENT, s.d.)	Capability Model	Efetua o diagnóstico de competências utilizando questionário com escala Likert de 5 pontos e propõe plano de desenvolvimento de competências.
European Comission (2014)	EU Competency Framework	Efetua o diagnóstico de competências do profissional e o compara com o resultado do diagnóstico efetuado pelo superior e seus pares, assim apresentando um quadro de lacunas de competência.

Entidade	Modelo	Descrição
American Management Association (AMA, s.d.)	*AMA's Total Professional*^{SM}	O modelo identifica as competências profissionais necessárias para o desenvolvimento contínuo por meio de questionário e apresenta as lacunas de competências nas dimensões de efetividade profissional, relacionamento, negócios e inteligência analítica.
World Economic Forum (WEF, 2023)	Future of Jobs Report 2023	Apresenta um conjunto de competências consideradas fundamentais em 18 segmentos industriais.
Agile Business Consortium (2014)	Agile Competence Framework	Estabelece até 12 competências distribuídas nas dimensões: conhecimentos, competências ágeis, competências pessoais e competências de negócios. Essas competências são categorizadas em diferentes níveis de conhecimento, sendo: explorador, praticante, especialista, catalisador e líder de pensamento.

As competências apresentadas nos guias muitas vezes atendem a um foco específico do estudo ou instituição proprietária. Nós temos que pensar em como adaptar ou construir instrumentos que atendam também às demandas específicas de nossos projetos.

Ao analisar estes estudos e guias conclui-se que o conjunto de competências para os profissionais de projetos está crescendo. Zuo *et al.* (2018) e Bouwman e Brohm (2016) afirmam que os profissionais de projetos estão enfrentando desafios maiores com projetos cada vez mais intrincados.

Nesse sentido, Alvarenga *et al.* (2020) e Varajão, Silva e Pejic-Bach (2019) salientam que este contexto dinâmico e complexo demanda dos profissionais de projetos um conjunto de competências cada vez mais abrangentes e especializados. Essa realidade também é respaldada por Kerzner (2017) e Ribeiro, Amaral e Barros (2021), que destacam como o avanço na gestão de projetos e as transformações tecnológicas modificam as competências para que os profissionais de projetos alcancem a eficácia.

Ademais, os guias de competências (PMCDF, ICB e APM) descritos na Tabela 7 não apresentam consenso quanto ao conjunto de competências mais importantes para os profissionais de projetos. Essa situação é esperada por conta da complexidade do ambiente de projetos e da abrangência de aplicações possíveis. Além disso, os guias são prescritivos e não fornecem um meio para que profissionais de projetos possam identificar e escolher as competências necessárias para o contexto de projetos em que irão atuar.

Em pesquisa prévia, Rosamilha, Silva e Penha (2023) observaram mais de 170 competências de gerenciamento de projetos, distribuídas em diferentes tipologias de projetos. A tipologia de projetos diz respeito ao tipo de projeto pelo qual é classificado de acordo com especificidades dos projetos e contexto de produção e aplicação (TURNER; MULLER, 2006). Uma tipologia de projeto representa características que interferem na sua forma de gerenciamento, ou mesmo no produto do projeto. Exemplos de tipologias encontradas ao logo do estudo de Rosamilha, Silva e Penha (2023) são: TI, saúde, projetos públicos, construção civil, entre outros.

A distribuição dessas competências estudadas por diferentes tipologias sugere um **funil de competências**, um agrupamento dividido em três níveis, sendo: (i) competências mais utilizadas em todas as tipologias de projetos, ou seja, competências básicas (CB); (ii) competências mais relevantes (CR) para cada tipologia de projeto; e (iii) competências exclusivas (CE) para cada uma dessas tipologias. Na Figura 7 é apresentada a estrutura do funil de competências.

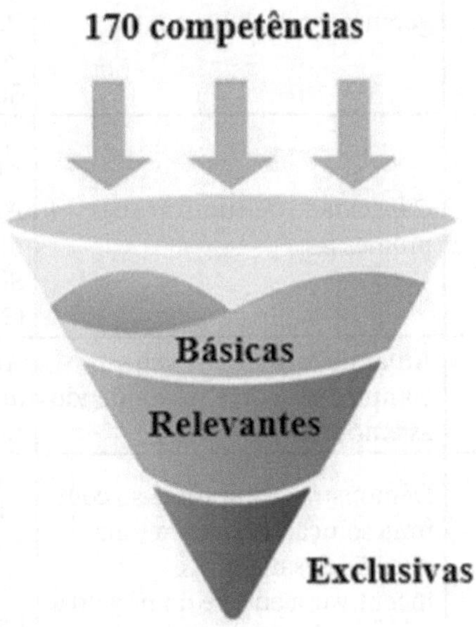

Figura 7. Funil de competências.
Fonte: os autores.

A categorização das competências nesses três níveis possibilita às organizações e ao profissional de projetos priorizarem suas necessidades de desenvolvimento das competências de forma mais estratégica.

O primeiro nível do funil é composto pelas **competências básicas (CB)**. Estas são as competências essenciais que todo profissional de projetos deve possuir para atuar efetivamente em qualquer tipo de projeto.

Elas abrangem uma variedade de competências técnicas e interpessoais, incluindo liderança, comunicação, resolução de problemas e conhecimento técnico específico da área do projeto. Nesse estudo, as CBs totalizaram 25 competências (Tabela 8).

Tabela 8. Competências básicas.
Fonte: os autores.

Competência	Significado	Fonte
Adaptabilidade	Capacidade de modificar os pensamentos e comportamentos para se ajustar a um novo contexto.	Brière *et al.* (2015); Chipulu *et al.* (2013); Marnewick e Marnewick (2020); Hanna *et al.* (2016).
Comunicação	Consegue construir, manter e gerenciar relacionamentos.	Ahmed, Philbin e Cheema (2021); Varajão, Silva e Pejic-Bach (2019); Perides, Barrote e Sbragia (2021).
Confiabilidade	Capacidade de cumprir suas promessas.	Ahmed, Philbin e Cheema (2021); Aramo-Immonen *et al.* (2011); Varajão, Silva e Pejic-Bach (2019).
Empatia	Atuar de forma sensível, compreendendo e respondendo às emoções dos outros.	Aramo-Immonen *et al.* (2011); Hopkins e Bilimoria (2008).
Ética	Demonstrar compromisso com uma solução ética para uma questão desafiadora e incentivar a equipe do projeto a apoiar a direção escolhida.	Ahmed, Philbin e Cheema (2021); Pariafsai e Behzadan (2021); Rezk *et al.* (2019); Varajão, Silva e Pejic-Bach (2019).

Competência	Significado	Fonte
Flexibilidade	Capacidade de trabalhar em uma variedade de situações com diferentes indivíduos ou grupos.	Chipulu *et al.* (2013); Pariafsai e Behzadan (2021); Moradi, Kähkönen e Aaltonen (2020); Hanna *et al.* (2016).
Gerenciamento das partes interessadas	Atender às necessidades e expectativas das partes interessadas (especialmente clientes e usuários).	Ahmed, Philbin e Cheema (2021); Chipulu *et al.* (2013); Rezk *et al.* (2019); Strang (2009); Varajão, Silva e Pejic-Bach (2019).
Gerenciamento de equipe	Capacidade de organizar a equipe do projeto eficazmente.	Ahsan, Ho e Khan (2013); Chipulu *et al.* (2013); Patanakul e Milosevic (2008).
Gerenciamento de prazos	Competências para estimar a duração e o sequenciamento de atividades, além de desenvolver e controlar cronograma.	Alvarenga *et al.* (2020); Chipulu *et al.* (2013); Patanakul e Milosevic (2008); Rezk *et al.* (2019).
Gestão de riscos e incertezas	Capacidade de lidar com ambiguidades, ameaças e mudanças.	Amoah e Marimon (2021); Rezk *et al.* (2019); Chipulu *et al.* (2013).
Habilidades técnicas	Possui conhecimento especializado e específico e habilidades analíticas no uso de ferramentas e técnicas específicas.	Sonstein *et al.*, (2022); Skulmoski e Hartman (2010); Starkweather e Stevenson (2011).
Habilidades de gerenciamento de projetos	Coordenar o próprio trabalho com o de outros membros de um projeto, ou em um cenário de múltiplos projetos.	Moyo e Chigara (2023); Skulmoski e Hartman (2010).
Habilidades de TI	Conhecimento sobre o uso de dispositivos tecnológicos (como *laptops*, *tablets* e *smartphones*), softwares de apoio ao controle e gerenciamento de projetos e planilhas eletrônicas.	Ahadzie *et al.* (2009); Alvarenga *et al.* (2020); Rezk *et al.* (2019).

Competência	Significado	Fonte
Influência	Estimular os membros da equipe do projeto a fornecer seus pontos de vista com base na lógica.	Ahmed, Philbin e Cheema (2021); Almeida e Simões (2021); Marnewick e Marnewick (2020); Moradi et al. (2021).
Iniciativa	Habilidade de criar oportunidades além do esperado durante o ciclo de vida do projeto.	Alvarenga *et al.* (2020) Aramo-Immonen *et al.* (2011); Marnewick e Marnewick (2020); Moradi *et al.* (2021).
Inovação	Capacidade de incentivar a equipe a criar um ambiente para a melhoria do desempenho do projeto.	Ahmed, Philbin e Cheema (2021); Rezk *et al.* (2019).
Inteligência emocional	Capacidade de reconhecer, compreender e analisar os próprios sentimentos.	Varajão, Silva e Pejic-Bach (2019); Hanna *et al.* (2016); Aramo-Immonen *et al.* (2011).
Liderança	Fornece direção e motiva os outros a cumprir os objetivos do projeto.	Amoah e Marimon (2021); Karki e Hadikusumo (2023); Dainty, Cheng e Moore (2005).
Negociação	Capacidade de alcançar uma solução permanente para conflitos através do relacionamento cooperativo entre os interessados do projeto.	Ahmed, Philbin e Cheema (2021); Takey e Carvalho (2015); Marnewick e Marnewick (2020); Varajão, Silva e Pejic-Bach (2019).
Orientação para resultados	Mantém o foco da equipe do projeto em objetivos-chave para obter o melhor resultado para todas as partes envolvidas.	Ahmed, Philbin e Cheema (2021); Alvarenga *et al.* (2020); Aramo-Immonen *et al.* (2011); Podgórska e Pichlak (2019); Rezk *et al.* (2019).

Competência	Significado	Fonte
Pensamento analítico	Consegue compreender um problema, dividindo-o em partes menores para traçar a causa e suas implicações.	Aramo-Immonen *et al.* (2011); Marnewick e Marnewick (2020); Starkweather e Stevenson (2011); Takey e Carvalho (2015).
Relacionamento interpessoal	Constrói ou mantém relacionamentos amigáveis ou redes de contatos com pessoas que são ou podem ser úteis para alcançar objetivos relacionados ao trabalho.	Ahadzie *et al.* (2009); Hanna *et al.* (2016); Karki e Hadikusumo (2023); Kwofie, Botchway e Amos-Abanyie (2018).
Resolução de conflitos	Capacidade de resolver conflitos.	Takey e Carvalho (2015); Musonda e Okoro (2021); Varajão, Silva e Pejic-Bach (2019); Hidayati, Budiardjo e Purwandari (2021).
Resolução de problemas	Capacidade de encontrar soluções para os problemas de forma eficiente e eficaz.	Marnewick e Marnewick (2020); Moradi *et al.* (2020); Rezk *et al.* (2019).
Responsabilidade	Conscienciosidade sobre cada uma das ações executadas pelo profissional durante o ciclo de vida do projeto.	Aramo-Immonen *et al.* (2011); Marnewick e Marnewick (2020); Moradi *et al.* (2021); Patanakul e Milosevic (2008).

Estas competências permitem ao profissional de projetos atuar nas equipes com eficiência, enfrentar desafios de forma proativa e contribuir para que os projetos sejam entregues com sucesso, dentro do prazo, do orçamento e de acordo com as expectativas de qualidade.

Na segunda parte do funil de competências estão as **competências relevantes (CRs)**. Elas são vitais para lidar eficazmente com os desafios e as complexidades decorrentes daquela tipologia de projetos.

Entende-se por "tipologia" a classificação de projetos com base em diferentes critérios, como objetivo, complexidade, indústria, tecnologia utilizada, entre outros. Essa categorização ajuda a definir abordagens de gerenciamento mais adequadas para cada tipo de projeto, sendo também importante porque reconhece que diferentes tipos de projetos têm desafios e requisitos distintos (ROSAMILHA; SILVA; PENHA, 2023).

Por exemplo, em projetos de pesquisa e desenvolvimento conduzidos e financiados por centros de pesquisa públicos e privados são utilizados modelos de processos de colaboração específicos (ARIA *et al.*, 2008; CHRISTIANSEN; VENDELØ, 2003). Esse tipo de projeto está sujeito a cronogramas rígidos impostos pelos seus financiadores e exigências ligadas a sistemas de governança de órgãos de fomento. Diante dessa situação, a instituição patrocinadora pode exigir a competência de criatividade por parte dos profissionais para adaptar o projeto e as atividades a essa realidade.

O último nível do funil de competências diz respeito às **competências exclusivas (CEs)**, ou seja, aquelas que são unicamente utilizadas em determinado contexto. Por exemplo, em projetos do segmento público onde se implementam políticas e programas aprovados pelo governo, há uma ampla variedade de atores que possuem interesses e expectativas variados e, por vezes, conflitantes. Nesse contexto, a competência de gerenciamento das partes interessadas é necessária.

Entre os interessados estão funcionários públicos e membros de câmaras locais e federais, comunidades, autoridades e cidadãos, entre outros (LUNDY, 2013; AMOATEY *et al.*, 2015). Nesse contexto, a competência de lealdade refere-se à habilidade do profissional do projeto em honrar seus compromissos com os diversos interessados, sendo assim um político eficaz (GOMES; YASIN; SMALL, 2012).

Um profissional de projetos bem-sucedido utiliza suas competências para identificar o curso de ação mais adequado. A falta de atenção a essas competências contribui para o fracasso dos projetos.

Não há consenso sobre quais são as competências mais importantes para os profissionais de projetos, embora existam alguns pontos de convergência. Assim, para atuar em um contexto específico de gerenciamento de projetos, o profissional pode começar com as 25 competências comuns sugeridas neste estudo. Em seguida, se faz necessário compreender o contexto do projeto e a tipologia em que ele se encaixa e, portanto, utilizar o segundo nível do funil de competências, ou seja, CR. Em seguida, pode identificar as CEs do terceiro nível.

À medida que o projeto avança, o profissional pode ajustar suas competências de acordo com o contexto específico.

Embora essa abordagem seja útil para um desenvolvimento inicial, é importante entender o significado das competências no contexto aplicado. Isso permitirá uma autoavaliação eficaz, ajudando-o a identificar lacunas de competências e a planejar seu desenvolvimento para preencher essas lacunas (ROSAMILHA, 2023).

Com base nas análises dos principais guias e modelos de competências, ficou evidente que, embora não haja um consenso absoluto sobre quais competências são as mais importantes, há uma concordância geral de que essas competências precisam evoluir constantemente para atender às demandas de um mercado em rápida transformação.

O **funil de competências**, introduzido neste capítulo, permite que profissionais priorizem suas necessidades de desenvolvimento de competências de acordo com o tipo e o contexto dos projetos em que estão envolvidos.

5. Diagnosticando as competências em Sistemas Adaptativos Complexos (SAC)

Neste capítulo, nós exploramos a interseção entre as competências essenciais para o gerenciamento de projetos em ambientes caracterizados como SAC e como diagnosticar essas competências no contexto SAC.

O conceito de SAC, originado nas ciências naturais, se aplica a sistemas dinâmicos onde múltiplos agentes interagem de maneira não linear, adaptando-se continuamente a um ambiente em constante evolução.

As organizações, ao enfrentarem os desafios impostos pelos SAC, requerem que seus profissionais não só possuam um conjunto diversificado de competências, como sejam capazes de adaptá-las rapidamente.

Sistema Adaptativo Complexo (SAC)

O conceito de SAC está relacionado a um campo de pesquisa dedicado à compreensão de sistemas complexos, destacando-se pela análise do comportamento adaptativo de seus componentes (MOREL; RAMANUJAM, 1999), sendo resultado de comportamentos emergentes de nível superior (HOLLAND, 1995).

O SAC originalmente surge nas ciências naturais, baseado na teoria dos sistemas que explica comportamentos não lineares em sistemas dinâmicos, nos quais múltiplos agentes interagem e se adaptam a um ambiente em constante mudança, apresentando grande potencial para pesquisas organizacionais (SWEETMAN; O'DWYER; CONBOY, 2014). Nesse estudo, diversas definições para SAC são apresentadas, conforme pode ser evidenciado na Tabela 9.

Tabela 9. Definições e características de SAC.
Fonte: os autores.

Definição	Autores
Sistema composto por artefatos e ferramentas manipuláveis para atingir seu propósito.	Axelrod e Cohen (2000).
Sistemas que envolvem o desenvolvimento de pensamentos por meio de interações recursivas entre as camadas do sistema, orientados para atingir seu propósito e formar um círculo fechado.	Sweetman, O'Dwyer e Conboy (2014).
Sistemas construídos por entidades individuais, frequentemente chamadas de agentes, que conseguem interagir entre si e com o ambiente, especialmente na tentativa de compreender como o indivíduo afeta as respostas ao nível de sistema.	Auyang (1998).
SAC possui três propriedades: (i) diversidade e individualidade dos componentes; (ii) interações localizadas entre esses componentes; e (iii) um processo autônomo que utiliza os resultados dessas interações para selecionar um subconjunto desses componentes para replicação ou aprimoramento.	Levin (1999).
O SAC é composto por agentes independentes que interagem e formam relacionamentos, agindo conforme o conhecimento local ou circunstancial em determinadas condições. Essas ações individuais e coletivas não são controladas por um órgão central.	Aritua, Smith e Bower (2009).

Apesar das diversas interpretações e descrições, a maioria das definições de SAC na literatura inclui agentes, ambientes, interações, circuitos de *feedback* e propriedades emergentes (GELL-MANN, 1994; LEVIN, 1999; SWEETMAN; O'DWYER; CONBOY, 2014).

Aritua, Smith e Bowers (2009) concebem os SACs como blocos de construção, componentes infinitamente recombináveis que criam novos componentes ou ações a partir de uma perspectiva da improvisação. Por meio dessas interações, os blocos aprendem a desenvolver repertórios eficazes de respostas reutilizáveis. Um aspecto relevante em SACs é a existência de agentes autônomos que combinam os elementos para chegar aos objetivos. No caso desta pesquisa, é possível dizer que o conjunto de elementos combinados para alcançar os resultados de acordo com as variáveis do SAC são as competências.

A reutilização do SAC implica repetição e rotina (estabilidade), assim como respostas adaptativas (flexibilidade). Os blocos criados em um SAC servem a duas funções: (1) como elementos reutilizáveis e (2) como um mecanismo ou estrutura. Desse modo, como elementos reutilizáveis, eles se recombinam facilmente para se adaptar a necessidades contextuais turbulentas ou em mudança, como mecanismo ou estrutura; estes blocos têm a função de orientar as respostas ao ambiente (BASTIEN; HOSTAGER, 1988), gerenciando as tensões por meio da exploração de diferentes perspectivas (EISENBERG, 1990). Além disso, a experiência aprendida de um indivíduo reconstrói-se quando esta é desestabilizada por novas informações contextuais e de aprendizado (ARITUA; SMITH; BOWERS, 2009), o que é resultado da adequação do SAC.

Neste sentido, Cilliers (2000) destaca serem os *loops* de *feedbacks* a força motriz da adaptação de sistemas complexos (BENBYA; MCKELVEY, 2006). Mitleton-Kelly (2003) explica que os *loops* de *feedback* podem ser positivos e negativos e coexistem simultaneamente, onde o *feedback* positivo reforça ou amplifica a mudança inicial, podendo resultar em um sistema radicalmente alterado.

Com relação aos agentes envolvidos em SACs, Crossan, Lane e White (1999), Benbya e McKelvey (2006a) e Weick (1998) incentivam os participantes a se tornarem mais dinâmicos e ágeis na transferência da autoridade da tarefa, o que adicionalmente exige que eles adotem uma orientação compartilhada e adquiram um conjunto de competências complementares.

Holland (1995) descreve que o *feedback* negativo amortece ou suprime a mudança inicial. Sweetman, O'Dwyer e Conboy (2014) adicionam aos *loops* de *feedback* o senso de urgência, que surge por meio da interação entre os agentes, onde o todo é maior que a soma das partes, por serem imprevisíveis e imunes a variações no comportamento dos agentes individuais (MILLER; PAGE, 2007).

Eisenberg (1990) acrescenta que, sem o conhecimento comum, as competências e as orientações compartilhadas, os participantes não poderiam começar a improvisar ou gerenciar a mudança contínua. Nesse sentido, há uma tensão constante nessas situações, a qual visa equilibrar a relação dinâmica entre autonomia/cooperação e individualismo/interdependência. Ademais, essa tensão se torna o motor que impulsiona a experimentação e o pensamento inovador.

Para Anderson (1999), o SAC possui quatro propriedades: (i) agentes com esquemas, (ii) auto-organização, (iii) coevolução de agentes e (iv) evolução do sistema. Em agentes com esquemas, a ideia é que a análise está em um nível inferior de agregação. Em outras palavras, o comportamento de um sistema é composto por subsistemas interativos. Traduzido para projetos, um projeto é composto por indivíduos e coalizões que têm interações não lineares. Esse comportamento dinâmico precisa ser compreendido porque apenas influenciando o comportamento de agentes individuais é que podem ser alcançadas mudanças no nível do sistema.

Com relação à auto-organização, os agentes estão conectados e interagem entre si, resultando em um comportamento dinâmico. Essas interações podem resultar em *feedback* sem a necessidade de um coordenador único para direcionar essas interações. Na auto-organização, não apenas aspectos como metas, interesses, compreensão mútua, boa vontade e confiança podem desempenhar um papel importante, mas também a resistência de agentes e outros fatores sociais. Portanto, embora o gerente esteja coordenando o projeto, os membros das equipes, usuários, especialistas e outros atores também interagirão entre si, resultando em uma auto-organização.

A terceira propriedade refere-se à coevolução de agentes. Os agentes individuais são direcionados por outros e por seus próprios objetivos e interesses. Assim, mudanças contínuas são necessárias para manter sua aptidão em relação aos outros agentes com os quais estão coevoluindo. Um evento gerado por um agente pode resultar em uma reação de outros agentes que estão se adaptando ao ambiente. Por exemplo, um pequeno atraso pode resultar em uma cadeia de atrasos, resultando assim em um atraso significativo para o projeto na totalidade.

Por fim, a última propriedade é a evolução dos sistemas, que se relaciona aos agentes entrantes, ou que podem desaparecer, bem como as ligações entre os agentes que podem mudar ao longo do tempo. Novas pessoas podem começar a trabalhar em um projeto e outras podem sair. Além disso, novas tecnologias podem ser introduzidas ou sistemas podem ser abandonados.

Os SACs apresentam seis atributos: (i) são capazes de se auto-organizarem; (ii) compartilham uma compreensão de qual é o propósito comum do sistema (CHOI; DOOLEY; RUNGTUSANATHAM, 2001; DOOLEY, 1997); (iii) têm um grau de autonomia (GELL-MANN, 1994); (iv) são adaptáveis ao seu ambiente (HOLLAND, 1992); (v) têm requisitos de variedade para seu ambiente (GELL-MANN, 1994; HOLLAND, 1992); e (vi) trocam recursos na busca de suas próprias metas (CILLIERS, 2000).

Além disso, Sweetman, O'Dwyer e Conboy (2014) salientam que os agentes individuais em um SAC se unem a um propósito comum, pois cada um responde à sua própria maneira à constante mudança criada por outros agentes e também pelo ambiente dinâmico. Esse propósito comum consiste em uma compreensão compartilhada que determina o objetivo do sistema. Por exemplo, todas as abelhas estão comprometidas com a sobrevivência da colmeia durante o inverno. Esse propósito comum permite que o SAC aja de maneira coordenada em resposta a mudanças rápidas (CURŞEU, 2006). A ajuda de cada agente aprimora sua adequação ao sistema na totalidade (CHOI; DOOLEY; RUNGTUSANATHAM, 2001).

Nesse sentido, pode-se dizer que os agentes requerem algum grau de autonomia para que o SAC funcione efetivamente (BENBYA; MCKELVEY, 2006). Os agentes devem ser livres para buscar seus próprios objetivos individuais, sendo capazes de ações conscientes para alterar o mundo ao seu redor (BENBYA; MCKELVEY, 2006; BRISTOW; HEALY, 2014).

Gareth Morgan (2006) afirma que as competências organizacionais variam; a depender do contexto, o foco pode estar em competências técnicas, eficiência e controle, exigindo habilidades específicas para operar em uma hierarquia rígida. Outras vezes a ênfase recai na adaptação e colaboração, exigindo habilidades de trabalho em equipe e resposta a mudanças ambientais.

Ou, ainda, segundo o autor, a prioridade pode estar no aprendizado contínuo, na inovação e na resolução de problemas, demandando habilidades de aprendizado autônomo e em equipe, ou em um contexto político organizacional a ênfase pode estar na negociação e na gestão de conflitos, valorizando a construção de alianças e a compreensão das dinâmicas de poder.

A outra característica dos SAC se refere à adaptabilidade, processo evolutivo pelo qual os agentes melhoram sua aptidão no sistema (HOLLAND, 1995). Os SAC se adaptam aprendendo sobre seu ambiente, recombinando os elementos de comportamentos anteriormente bem-sucedidos (HOLLAND, 1995). A diversidade consiste em uma variedade requerida de agentes heterogêneos com formas e competências diversas (HOLLAND, 1995). Por fim, os agentes se envolvem na troca de recursos entre si e com o ambiente para obter recursos mais valiosos para eles na busca de seus próprios objetivos (BECK; PLOWMAN, 2014). Na Tabela 10 é apresentado o conjunto de propriedades do SAC.

Tabela 10. Propriedades do SAC por autores.
Fonte: os autores.

Propriedades	Autores
Adaptação	Holland (1995); Benbya e McKelvey (2006).
Agentes	Anderson (1999); Holland (1995).
Auto-organização	Anderson (1999); Sweetman, O'Dwyer e Conboy (2014); Holland (1992).
Coevolução de agentes	Anderson (1999).
Senso de urgência	Benbya e McKelvey (2006).
Evolução do sistema	Anderson (1999).
Grau de autonomia	Gell-Mann (1994); Benbya e McKelvey (2006).
Loops de *feedback*	Holland (1995); Mitleton-Kelly (2003).
Propósito comum	Choi, Dooley e Rungtusanatham (2001); Dooley (1997).

Propriedades	Autores
Recursos	Cilliers (2000).
Requisitos de variedade	Gell-Mann (1994); Holland (1992 e 1995); Morgan (2006).

Balshakova *et al.* (2013) propõem o modelo denominado *Situation Context Framework* (SCF), que define os fatores contextuais a serem considerados ao selecionar e adaptar uma forma de trabalho dependente da situação. O SCF é usado para fornecer contexto para a tomada de decisões sobre como organizar a maneira de trabalhar de acordo com o propósito do projeto. Por exemplo, uma equipe com um conjunto menor de competências é uma proposta mais arriscada do que uma equipe altamente qualificada (AMBER; LINES, 2012).

Na Figura 8 são apresentados esses fatores, e para cada fator há uma seta apontando para ambos os lados, indicando a faixa dos extremos para cada um deles.

Figura 8. Fatores do SCF.
Fonte: adaptado pelos autores de Balshakova *et al.* (2013).

O fator "Competências da equipe" representa como a equipe de projetos deve ter as competências ou adquiri-las de forma que possam desempenhar suas funções (BALSHAKOVA *et al.*, 2013). Por exemplo, em projetos de educação, a competência de coerência é relevante (ROSAMILHA; SILVA; PENHA, 2023). Sołtysik *et al.* (2020) e o ICB (IPMA, 2015) definem a competência "Coerência" como conseguir utilizar uma sequência de informações lógicas para transmitir uma mensagem, evitando contradições ou dúvidas sobre determinado assunto.

O fator "Cultura da equipe" indica que as pessoas que são colaborativas por natureza são mais adequadas para ambientes ágeis, enquanto pessoas que gostam de trabalhar sozinhas são mais adequadas para abordagens preditivas. Da mesma forma, pessoas abertas e flexíveis em sua abordagem de trabalho são mais adequadas para estratégias ágeis ou enxutas (BALSHAKOVA *et al.*, 2013).

Considerando as principais disparidades entre as práticas de gestão de projetos preditiva e ágil, a compreensão da relevância das competências pode mudar dependendo da metodologia utilizada (PERIDES; BARROTE; SBRAGIA, 2021). Dessa maneira, as empresas que estão migrando do modelo de gerenciamento de projetos preditivo para o ágil têm a chance de realizar essa transição de maneira mais focada (HIDAYATI; BUDIARDJO; PURWANDARI, 2021).

O fator "Cultura organizacional" indica que a cultura da organização pode variar (BALSHAKOVA *et al.*, 2013; AMBER; LINES, 2012). Assim, uma cultura organizacional muito flexível e colaborativa significará que será mais fácil adotar uma abordagem ágil ou enxuta. De outro modo, uma cultura mais rígida de comando e controle dificultará fazê-lo.

O fator "Natureza do Problema" determina a melhor abordagem de entrega para um projeto, sendo que é necessária uma análise aprofundada para identificar os elementos centrais que definem o problema e influenciam sua resolução. Por exemplo, é possível adotar uma abordagem ágil ou preditiva para projetos de armazenamento de dados, para projetos de marketing e para a aquisição de serviços de um parceiro externo (AMBER; LINES, 2012). Contudo, não é muito fácil decompor um avião em várias partes funcionais, pois o avião está completo ou não (BALSHAKOVA *et al.*, 2013).

O fator "Restrições do negócio" refere-se às limitações impostas pela empresa, como prazos agressivos, abordagens rígidas de gestão de orçamento e a disponibilidade dos *stakeholders* durante o projeto. Essas restrições impactam o processo, a formação da equipe e a escolha de ferramentas, especialmente as voltadas para comunicação e colaboração. A prioridade está na disponibilidade e prontidão das partes interessadas, enquanto a flexibilidade financeira e orçamentária é igualmente crucial (AMBER; LINES, 2012).

O fator "Tamanho da equipe" indica que equipes maiores são normalmente formadas para resolver problemas mais complexos e assumir desafios de maior complexidade de domínio e/ou técnica (BALSHAKOVA *et al.*, 2013). Assim, o tamanho da equipe tende a afetar diretamente como você organiza e coordena o time.

Embora a centralização torne um projeto mais previsível, um gestor centralizador enfrentará dificuldades para manter tudo sob controle. O fluxo de informações para os gestores centralizados pode ser bloqueado, e eles podem não conseguir manter o controle total sobre o projeto. Uma abordagem descentralizada respeita melhor o conhecimento dos vários atores tanto na gestão quanto na operação, mas projetos descentralizados podem rapidamente tornar-se desestruturados e difíceis de gerenciar (KERZNER, 2017; BENBYA; MCKELVEY, 2006).

O fator "Distribuição geográfica" demonstra que a equipe é considerada "colocada" quando estão todos situados na mesma sala de trabalho. Caso contrário, sua equipe estará distribuída geograficamente, ou de alguma forma dispersa. Essa situação pode não ser óbvia à primeira vista, mas, mesmo um baixo nível de distribuição geográfica, com pessoas separadas por paredes de cubículos a vários metros de distância, promove riscos de comunicação na sua equipe. Por exemplo, para Kanawattanachai e Yoo (2002), em equipes virtuais, uma das competências relevantes para o profissional de projetos é a confiança, ou seja, um conjunto de expectativas compartilhadas que surgem das interações entre os membros da equipe (DE ROSA *et al.*, 2004).

O fator "Distribuição organizacional" se refere ao conceito de envolver pessoas de diversas organizações no projeto. É um pouco mais difícil gerenciar um projeto quando pessoas de vários grupos estão envolvidas. Assim, a contratação de empreiteiros aumenta a complexidade, pois terceirizar uma parte do trabalho para um provedor de serviços externo é difícil. Projetos distribuídos organizacionalmente tendem a enfrentar desafios associados a equipes grandes e distribuídas geograficamente.

Além disso, quando a terceirização está envolvida, os projetos assumem riscos associados à aquisição e, em seguida, à governança do esforço terceirizado (BALSHAKOVA *et al.*, 2013). A situação mais fácil é ter todos os membros da sua equipe do mesmo grupo/divisão em uma única organização (AMBER; LINES, 2012).

O fator "Competências disponíveis" indica que a equipe precisa das pessoas certas com as competências certas para alcançar os resultados do projeto. No extremo ideal do espectro, há profissionais qualificados; já no outro extremo, pode levar tempo e recursos para construir a equipe necessária. Assim, a falta de atenção às competências é um dos principais fatores para o fracasso dos projetos (MANSOURIMOAYYED; COLABI; SEMIARI, 2020; BALSHAKOVA *et al.*, 2013; AMBER; LINES, 2012).

Para o fator "Compliance" ou "Conformidade", a forma mais simples é aquela autoimposta pela organização ou projetos, por exemplo, ITIL® (*Information Technology Infrastructure Library*) ou CMI (*Consumer Market Insights*), ou a regulatória (por exemplo: Banco Central), onde o projeto precisa estar em conformidade com regulamentos financeiros, de privacidade ou mesmo com normas de padronização internacional como a ISO. Embora cada regulamento tenha requisitos diferentes, do ponto de vista do processo, eles podem exigir revisões e processos documentados (BALSHAKOVA *et al.*, 2013; AMBER; LINES, 2012).

Em projetos governamentais, por exemplo, a competência aceitação é crucial, pois envolve a habilidade do profissional de projetos de gerenciar a aceitação de toda a documentação e relatórios entregues aos atores envolvidos na fase de encerramento (BASHIR *et al.*, 2021).

O fator "Domínio da complexidade", ou dimensão do problema, abordado por uma equipe pode variar. Por exemplo, um site informativo é bastante simples. Por outro lado, um site de comércio eletrônico é mais difícil. Já um sistema de controle de tráfego aéreo é ainda mais difícil. Desse modo, quanto maior a complexidade do domínio que você enfrenta, mais deseja investir em modelagem e planejamento inicial, o que exige competências mais sofisticadas (BALSHAKOVA *et al.*, 2013). Essa situação requer do profissional de projetos atuação efetiva em um contexto de projeto em constante evolução com várias incertezas (CICMIL *et al.*, 2006)

Além disso, a situação descrita torna a construção de um plano para atingimento dos objetivos mais desafiador (TRINDADE; BARROSO; MACHADO, 2015), estimulando como forma de resposta o uso da competência *phrónêsis* (BRADY; DAVIES, 2014). Segundo Bredillet, Tywoniak e Dwivedula (2015), a *Phrónêsis* é a capacidade de atuar de forma prática em função do contexto, utilizando-se de padrões e similaridades provenientes da experiência do profissional de projetos. Bouwman e Brohm (2016) complementam que um profissional com essa competência faz uso combinado de elementos como a experiência e a compreensão precisa de detalhes relevantes da situação.

Para o fator "Complexidade da solução", na extremidade simples do espectro, temos as soluções totalmente independentes, construídas com novas tecnologias. As coisas ficam mais fáceis se você puder aproveitar os ativos existentes, como, por exemplo, softwares, fontes de dados ou serviços empresariais. De outra forma, os projetos ficam mais difíceis se houver necessidade de refazer a infraestrutura existente, tal como acontece com a complexidade do domínio (BALSHAKOVA *et al.*, 2013; AMBER; LINES, 2012).

Com base nas informações apresentadas, é possível dizer que os SACs utilizam modelos internos para antecipar o futuro, sem realmente se comprometer com essas ações. Desse modo, a utilização do SAC para a análise das competências evita a realização de ações que levariam irreversivelmente por um caminho de desastre futuro no projeto.

O sistema desenvolvido baseado nessas premissas pode, assim, fazer melhorias sem recompensas explícitas ou informações detalhadas sobre erros (HOLLAND, 1992). Na seção a seguir é apresentada a relação entre o SAC e as competências em gerenciamento de projetos.

A relação entre SAC e as competências em gerenciamento de projetos

Os SACs são ambientes dinâmicos e interconectados onde múltiplos agentes interagem de maneira não linear, gerando comportamentos que não podem ser antecipados apenas pela análise de seus componentes individuais. No campo do gerenciamento de projetos, essa complexidade impõe desafios significativos aos profissionais, que precisam desenvolver e aplicar um conjunto específico de competências para navegar com sucesso em tais ambientes.

Assim, nos ambientes de SAC, os profissionais de projeto precisam desenvolver e aplicar competências que lhes permitam navegar pela incerteza que caracteriza esses sistemas. Por exemplo, o profissional de projetos deve ajustar estratégias e abordagens rapidamente a mudanças que surgem no projeto ou identificar e mitigar riscos de maneira proativa em um ambiente incerto.

O sucesso na gestão de projetos em contextos de SAC depende de uma combinação de competências técnicas, interpessoais e contextuais, além de uma forte capacidade de adaptação e resiliência.

6. Como diagnosticar suas competências em gerenciamento de projetos

Para diagnosticar suas competências em gerenciamento de projetos, você pode seguir um fluxo estruturado dividido em quatro passos para avaliar e desenvolver suas competências. A Figura 9 descreve os passos para a execução do diagnóstico.

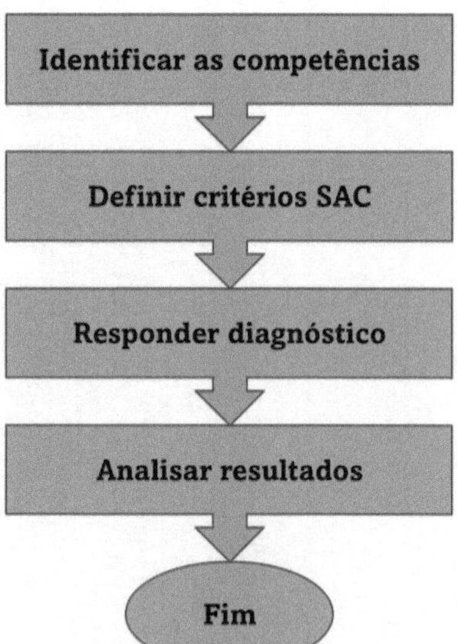

Figura 9. Método do diagnóstico.
Fonte: os autores.

Cada um destes quatro passos possui um propósito específico e resultados. A seguir explicamos cada um deles.

Identificar as competências

Neste passo iremos utilizar o conceito de funil de competências, onde temos três grupos: competências básicas (CBs), competências relevantes (CRs) e competências exclusivas (CEs).

Será utilizada uma planilha preparada para essa finalidade. Você pode acessá-la pelo *QR code* da Figura 10 ou pelo endereço *web* na legenda da figura. Ao acessar, carregue-a em seu equipamento local ou crie uma cópia na nuvem. Caso você utilize a versão atual sem copiar ou descarregar em seu computador local, você utilizará uma versão compartilhada com outros leitores. Desse modo, corre o risco de ter os dados alterados por eles, ou seja, a análise que você fizer será alterada por outro usuário.

Figura 10. Use o QR code ou acesse <https://tinyurl.com/ytfrbyhe>.

Esta planilha contém 20 competências a serem analisadas. Caso você queira executar um diagnóstico completo, entre em contato com os autores em <contato@digitalmode.com.br>. A planilha que você irá utilizar possui um conjunto de algoritmos que produz um resultado mais preciso do diagnóstico de competências, que estão protegidos na planilha para não alterar o processo de análise.

Abra a planilha e localize a aba denominada **Parâmetro**. Nesta aba, você terá acesso às 20 competências a serem avaliadas, conforme a Tabela 11.

Tabela 11. Lista das competências.
Fonte: os autores.

Nome da competência
Adaptabilidade
Assertividade
Atitude
Comunicação
Entusiasmo
Flexibilidade
Foco no cliente
Gerenciamento da qualidade
Gerenciamento de conflitos
Gerenciamento de recursos
Gerenciamento do escopo
Gerenciamento do tempo
Gestão de riscos e incertezas
Gestão de saúde e segurança
Habilidades de delegação
Inteligência emocional
Lealdade
Liderança
Tomada de decisão
Transparência

A Tabela 11 apresenta um conjunto de competências que são utilizadas para este diagnóstico conforme descrito no modelo do Funil de Competências, discutido no Capítulo 4.

O primeiro passo é determinar quais dessas competências são consideradas básicas (CB). Retorne à planilha, na mesma aba denominada **Parâmetro**, e observe a coluna **Tipo** da tabela LISTA DE COMPETÊNCIAS.

Temos seis competências básicas marcadas como Tipo = [CB], conforme descrito na Tabela 12. Neste caso, para a simulação de análise, as categorias das competências não poderão ser alteradas.

Tabela 12. Lista das competências.
Fonte: os autores.

Competência	Tipo
Adaptabilidade	CB
Comunicação	CB
Flexibilidade	CB
Gestão de riscos e incertezas	CB
Inteligência emocional	CB
Liderança	CB

O próximo passo é analisar quais são as competências relevantes, ou seja, aquelas mais requisitadas para atuar em determinada tipologia de projeto. Na planilha são as competências com a coluna Tipo = [CR]. A lista contendo as competências relevantes é apresentada na Tabela 13.

Tabela 13. Lista das competências.
Fonte: os autores.

Competência	Tipo
Atitude	CR
Entusiasmo	CR
Foco no cliente	CR
Gerenciamento da qualidade	CR
Gerenciamento de conflitos	CR
Gerenciamento de recursos	CR
Gerenciamento do escopo	CR
Gerenciamento do tempo	CR
Gestão de saúde e segurança	CR
Habilidades de delegação	CR
Tomada de decisão	CR
Transparência	CR

Nesta tabela, há 12 competências relevantes – por exemplo, atitude e transparência.

Por fim, seguindo o conceito do funil de competências, são avaliadas as competências exclusivas (CEs). Assim, no último nível do funil de competências, existem as competências que são unicamente utilizadas em determinado contexto do projeto, ou seja, as competências exclusivas.

Por exemplo, no contexto do desenvolvimento de software de alta segurança, uma competência exclusiva poderia ser a "expertise em criptografia avançada". Ela é importante para projetos que exigem um alto nível de segurança de dados, como em desenvolvimento de software para instituições financeiras ou governamentais, onde a proteção contra vazamentos e invasões é prioritária. Na planilha, na aba **Parâmetro**, temos a LISTA DE COMPETÊNCIAS (Tabela 14) com suas respectivas classificações.

Tabela 14. Lista das competências.
Fonte: os autores.

Competência	Tipo
Adaptabilidade	CB
Assertividade	CE
Atitude	CR
Comunicação	CB
Entusiasmo	CR
Flexibilidade	CB
Foco no cliente	CR
Lealdade	CR
Gerenciamento da qualidade	CR
Gerenciamento de conflitos	CR
Gerenciamento de recursos	CR
Gerenciamento do escopo	CR
Gerenciamento do tempo	CB
Gestão de riscos e incertezas	CR
Gestão de saúde e segurança	CR
Habilidades de delegação	CB
Inteligência emocional	CE
Liderança	CB
Tomada de decisão	CR
Transparência	CR

Nesta tabela, as competências de assertividade e lealdade são consideradas CEs, ou seja, coluna Tipo = [CE]. Esse conjunto de competências categorizadas por CB, CR e CE podem ser alteradas de acordo com o contexto de atuação do seu projeto. Contudo, para efeito de exemplo, a planilha está travada para alteração de categorias de acordo com o funil de competências.

Assim, com a finalização do processo de categorização dos grupos de competências, é necessário, como próximo passo, determinar o nível de relevância de cada uma das competências, ou seja, identificar o quão essencial uma competência é para o desempenho em determinadas funções ou projetos (ROSAMILHA, 2023).

Por exemplo, para um mesmo grupo de categorias de competência como as CBs, em que existem seis competências, o nível pode ser diferente ao comparar as relevâncias dessas competências entre elas. Desse modo, para determinar o nível de importância, você pode, por exemplo, consultar o gestor ou líder responsável que atua nesse contexto, ou ainda pesquisar as necessidades do mercado.

Para cada competência pertencente a cada uma das categorias de competências (CB, CR ou CE), é atribuída uma avaliação de 1 a 10, onde 1 representa a mais baixa relevância e 10 a mais alta relevância. Esse nível determina o quanto uma competência é significativa para o contexto do projeto dentro daquela categoria.

Na mesma planilha e aba, a coluna **Nível** representa a relevância descrita na Tabela 15.

Tabela 15. Lista das competências.
Fonte: os autores.

Competência	Nível	Tipo
Adaptabilidade	7	CB
Assertividade	2	CE
Atitude	7	CR
Comunicação	5	CB
Entusiasmo	2	CR
Flexibilidade	5	CB
Foco no cliente	10	CR
Lealdade	1	CE
Gerenciamento da qualidade	10	CR
Gerenciamento de conflitos	1	CR
Gerenciamento de recursos	9	CR
Gerenciamento do escopo	2	CR
Gerenciamento do tempo	5	CR
Gestão de riscos e incertezas	1	CB
Gestão de saúde e segurança	1	CR
Habilidades de delegação	5	CR

Competência	Nível	Tipo
Inteligência emocional	10	CB
Liderança	5	CB
Tomada de decisão	8	CR
Transparência	1	CR

Por exemplo, a competência foco no cliente possui relevância 10 e tomada de decisão é igual a 8, ou seja, para esse contexto a competência de foco no cliente é mais relevante que a competência de tomada de decisão, embora as duas sejam necessárias e categorizadas como CR.

Agora que foi determinado o nível de relevância das competências, o próximo passo é determinar, para os grupos de competências (CB, CR e CE), a contribuição de cada categoria para o conjunto de competências. Cada uma pode ter uma contribuição diferente para o desempenho do profissional em determinada situação. Nesse contexto é adotada a variável **Peso** para cada um dos grupos (REZK *et al.*, 2019; SHAHHOSSEINI; SEBT, 2011).

Para isso, é adotada nesta planilha a sequência de Fibonacci (GALLAVAN; WEBSTER-SMITH, 2012) da seguinte forma:

Para as competências básicas (CBs), o peso será 3.

Para as competências relevantes (CRs), o peso será 5.

Para as competências exclusivas (CEs), o peso será 8.

Um aspecto relevante a ser evidenciado é a possibilidade, em função do contexto, de alterar o peso de cada uma das categorias de competências. Na planilha e aba, os pesos estão descritos na tabela com o nome **PESO DAS CATEGORIAS DAS COMPETÊNCIAS**, representados na Tabela 16.

Tabela 16. Peso das categorias de competências.
Fonte: os autores.

Tipo	Peso
CB	3
CE	8
CR	5

Ao definir estes pesos para cada uma das categorias, eles são automaticamente refletidos na planilha na tabela **LISTA DAS COMPETÊNCIAS**. Neste exemplo da planilha, todas as competências CB terão peso 3.

Embora seja possível modificar o peso das categorias de competências, não é recomendado, porque o modelo foi testado em campo com essa configuração. Vale destacar que a alteração dos pesos está travada nesta planilha.

O último passo é calcular a pontuação total das competências, conforme a Tabela 17.

Tabela 17. Lista das competências.
Fonte: os autores.

Competência	Peso	Nível	Score	Tipo
Adaptabilidade	3	7	21	CB
Assertividade	8	2	16	CE
Atitude	5	7	35	CR
Comunicação	3	5	15	CB
Entusiasmo	5	2	10	CR
Flexibilidade	3	5	15	CB
Foco no cliente	5	10	50	CR
Lealdade	5	1	5	CR
Gerenciamento da qualidade	5	10	50	CR
Gerenciamento de conflitos	5	1	5	CR
Gerenciamento de recursos	5	9	45	CR
Gerenciamento do escopo	5	2	10	CR
Gerenciamento do Tempo	3	5	15	CB
Gestão de Riscos e incertezas	5	1	5	CR
Gestão de saúde e segurança	5	1	5	CR
Habilidades de delegação	3	5	15	CB
Inteligência emocional	8	10	80	CE
Liderança	3	5	15	CB
Tomada de decisão	5	8	40	CR
Transparência	5	1	5	CR

Portanto, para cada competência é calculado um *score*. Por exemplo, o peso da competência de gerenciamento de recursos é 5 e o nível de relevância assinalado é 9; portanto, a multiplicação entre as duas variáveis é 45. Esse cálculo é feito pela planilha com a fórmula **(Peso*Nível)**.

Com o término da pontuação das competências, é necessário agora definir as dimensões do SAC, que é o próximo passo.

Definir critérios do SAC

Nesta fase serão definidas as escalas de avaliação do SAC (dimensões padronizadas descritas neste capítulo) conforme Figura 11.

Figura 11. Dimensões do SAC.
Fonte: os autores.

A Figura 11 apresenta o nome de cada uma das dez dimensões. Para cada dimensão temos quatro níveis de significados na escala de avaliação. Para cada uma dessas dimensões, é apresentado na Tabela 18 o significado de cada nível de avaliação na escala (1 até 4).

Tabela 18. Escala de avaliação SAC.
Fonte: os autores.

Dimensão	Descrição do nível			
	1	2	3	4
Competência da equipe	As competências específicas da equipe têm pouca importância para o sucesso do projeto. A equipe pode ter habilidades gerais ou básicas, e não há necessidade urgente de adquirir novas competências ou aprofundar conhecimentos específicos. O projeto pode ser completado com eficácia sem uma ênfase significativa em habilidades especializadas.	Algumas competências específicas são necessárias, mas não são críticas para o sucesso do projeto. A equipe deve ter um conjunto de habilidades moderadamente especializadas, mas pode aprender e se adaptar ao longo do projeto. A aquisição de novas competências pode ser benéfica, mas não é essencial desde o início.	A equipe precisa possuir ou rapidamente adquirir competências específicas que são altamente relevantes para o sucesso do projeto. A equipe deve ser formada por membros com habilidades e conhecimentos especializados em áreas-chave do projeto. O desenvolvimento contínuo de competências é relevante para enfrentar desafios complexos.	As competências específicas da equipe são críticas e determinantes para o sucesso do projeto. A equipe deve ter uma forte base de competências altamente especializadas e experiência significativa em áreas cruciais do projeto. A falta de tais competências pode comprometer seriamente o sucesso do projeto.

Dimensão	Descrição do nível			
	1	2	3	4
Cultura da equipe	A cultura da equipe tem pouca importância para o sucesso do projeto. Não há necessidade crítica de que os membros da equipe sejam altamente colaborativos ou flexíveis. A equipe pode funcionar bem com uma abordagem tradicional, onde as tarefas são individuais e os processos são rigidamente definidos. A transição para metodologias ágeis não é uma prioridade e a cultura não precisa se adaptar significativamente.	A cultura da equipe é moderadamente importante. A equipe deve ter alguma capacidade de colaboração e flexibilidade, especialmente em pontos críticos do projeto. A transição para metodologias ágeis pode ser benéfica, mas não é essencial desde o início. A equipe deve estar aberta a ajustes em suas práticas de trabalho, mas pode operar em um ambiente que ainda favorece uma abordagem tradicional em muitas áreas.	A cultura da equipe é altamente importante. A equipe deve ser majoritariamente colaborativa e flexível, capaz de trabalhar eficazmente em um ambiente híbrido. A transição para metodologias ágeis é um foco significativo, e a equipe deve estar preparada para adaptar rapidamente suas práticas de trabalho e processos para se alinhar com os princípios ágeis.	A cultura da equipe é de máxima importância. A equipe deve ser extremamente colaborativa, adaptativa e completamente alinhada com as abordagens ágeis e hibridas. Qualquer deficiência na cultura pode comprometer seriamente o sucesso do projeto. A equipe deve ser composta por membros que incorporam diferentes práticas de gerenciamento de projetos em sua abordagem diária.

Dimensão	Descrição do nível			
	1	2	3	4
Natureza do problema	A natureza do problema é simples e bem definida. O projeto pode ser gerido eficientemente utilizando qualquer abordagem. A complexidade é baixa, e a análise aprofundada dos elementos centrais não é necessária para determinar a abordagem de entrega. As decisões podem ser tomadas com base em processos estabelecidos e diretrizes claras.	A natureza do problema é moderadamente complexa. O projeto pode se beneficiar de uma abordagem específica, mas não é um aspecto crítico para o seu sucesso. É necessária alguma análise para identificar os elementos centrais e decidir a abordagem mais eficiente. Existe flexibilidade para adaptar a metodologia ao longo do projeto com base nas necessidades emergentes.	A natureza do problema é complexa e exige uma abordagem específica para uma gestão eficiente. Uma análise detalhada é essencial para identificar os elementos centrais e definir a melhor metodologia (ágil, tradicional ou híbrida). A escolha da abordagem influencia diretamente o sucesso do projeto, e a equipe precisa adaptar suas práticas com base na complexidade e especificidade do problema.	A natureza do problema é extremamente complexa e determina a abordagem de entrega do projeto. Uma análise aprofundada é crítica para identificar os elementos centrais que definem o problema. A escolha de uma abordagem é vital, e a adaptação inadequada pode comprometer seriamente o sucesso do projeto. A abordagem deve ser altamente personalizada para lidar com a complexidade inerente do problema.

Dimensão	Descrição do nível			
	1	2	3	4
Restrição do negócio	As restrições do negócio têm pouca influência sobre o projeto. O prazo, o orçamento e a disponibilidade das partes interessadas são flexíveis, permitindo que o projeto avance sem pressões significativas. A equipe tem a liberdade de escolher as ferramentas e os processos que melhor se adequam ao projeto, com poucas limitações impostas pelo negócio.	As restrições do negócio têm uma influência moderada sobre o projeto. Existem prazos e orçamentos definidos, mas há alguma flexibilidade para ajustes durante o projeto. A disponibilidade das partes interessadas é geralmente boa, mas pode haver períodos em que sua atenção é necessária em outras áreas. A equipe deve considerar essas restrições ao planejar e executar o projeto, mas ainda há espaço para adaptação.	As restrições do negócio são altamente influentes e devem ser gerenciadas cuidadosamente. Prazos agressivos e um orçamento fixo impõem uma pressão significativa sobre a equipe. A disponibilidade das partes interessadas é crítica e deve ser gerida ativamente para garantir que o projeto possa avançar conforme o planejado. A escolha de ferramentas e processos deve ser alinhada estreitamente com essas restrições para garantir o sucesso do projeto.	As restrições do negócio são críticas e dominam o planejamento e a execução do projeto. Prazos extremamente agressivos e um orçamento rigorosamente controlado impõem uma pressão máxima sobre a equipe. A disponibilidade das partes interessadas é essencial em todo momento, e a falha em atender a essas restrições pode comprometer o sucesso do projeto. Todas as decisões sobre ferramentas, processos e composição da equipe devem ser feitas com essas restrições em mente.

Dimensão	Descrição do nível			
	1	2	3	4
Tamanho da equipe	O tamanho da equipe tem pouca influência no projeto. O projeto pode ser gerido eficientemente com uma equipe pequena, e a complexidade dos desafios enfrentados é baixa. A organização e a coordenação são simples, e a abordagem centralizada ou descentralizada não afeta significativamente o progresso do projeto. A comunicação é direta e o fluxo de informações é fácil de gerenciar.	O tamanho da equipe tem uma influência moderada no projeto. O projeto requer uma equipe de tamanho médio, e a complexidade dos desafios começa a aumentar. A organização e a coordenação se tornam mais importantes, e a escolha entre uma abordagem centralizada ou descentralizada deve ser considerada para otimizar a eficiência. A comunicação é geralmente gerenciável, mas requer alguma estrutura para evitar bloqueios de informação.	O tamanho da equipe é altamente relevante e tem um impacto significativo no projeto. O projeto exige uma equipe grande, ou a articulação entre várias equipes como no ágil escalado, devido à alta complexidade técnica ou de domínio. A organização e a coordenação são críticas, e a escolha entre uma abordagem centralizada ou descentralizada deve ser cuidadosamente avaliada para garantir a eficácia. A comunicação deve ser bem estruturada para evitar bloqueios e garantir que as informações fluam adequadamente entre os membros da(s) equipe(s).	O tamanho da equipe é de máxima importância e domina o planejamento e a execução do projeto. O projeto exige uma equipe muito grande, ou a articulação entre várias equipes como no ágil escalado, devido à complexidade extrema do problema ou aos desafios técnicos significativos. A organização e a coordenação são vitais, e a abordagem de gestão deve ser altamente adaptativa, combinando elementos de centralização e descentralização conforme necessário para manter o controle e a eficiência. A comunicação deve ser cuidadosamente gerida para garantir a coesão da(s) equipe(s) e a eficácia do projeto.

Dimensão	Descrição do nível			
	1	2	3	4
Distribuição geográfica	A equipe é totalmente colocalizada, trabalhando no mesmo espaço físico, como a mesma sala ou ambiente de escritório. A comunicação e a colaboração são diretas e imediatas, e os riscos de comunicação associados à distribuição geográfica são mínimos. A confiança entre os membros da equipe é facilmente estabelecida por meio de interações frequentes e face a face.	A equipe está levemente distribuída geograficamente, com membros trabalhando em locais diferentes dentro do mesmo prédio. Embora a comunicação face a face ainda seja possível, a separação física por cubículos, pisos ou edifícios pode introduzir pequenos desafios de comunicação. A confiança entre os membros da equipe é baseada em interações frequentes, mas pode exigir um esforço adicional para manter uma boa comunicação.	A equipe está moderadamente distribuída geograficamente, com membros trabalhando em locais diferentes, talvez em diferentes cidades ou regiões, mas ainda dentro do mesmo país. A comunicação e a colaboração requerem ferramentas digitais, como videoconferências e plataformas de gestão de projetos. A confiança entre os membros da equipe deve ser cultivada por meio de interações virtuais regulares e eficazes.	A equipe está altamente distribuída geograficamente, com membros trabalhando em diferentes países ou até continentes. A comunicação e a colaboração são totalmente dependentes de tecnologias digitais, e as barreiras de fuso horário e culturais são significativas. Estabelecer e manter a confiança entre os membros da equipe é crítico e garantir uma comunicação clara e eficaz requer esforço.

Dimensão	Descrição do nível			
	1	2	3	4
Distribuição organizacional	A equipe do projeto é composta exclusivamente por membros da mesma organização ou divisão. Todos os participantes têm uma cultura organizacional compartilhada e processos de trabalho alinhados. A complexidade e os desafios de integração são mínimos, e a comunicação é facilitada por um entendimento comum das práticas e dos objetivos da organização.	A equipe inclui membros de diferentes divisões ou grupos dentro da mesma organização. Embora haja alguma variação na cultura e nos processos de trabalho, todos os participantes ainda operam sob a mesma estrutura organizacional geral. A comunicação e a coordenação são um pouco mais complexas, mas as diferenças culturais e processuais são gerenciáveis.	A equipe do projeto inclui membros de diferentes organizações ou grupos, como fornecedores, parceiros ou contratados. As diferenças na cultura organizacional e nos processos de trabalho começam a impactar significativamente a comunicação e a coordenação. A governança e a gestão de riscos associados à terceirização se tornam críticas, e a equipe precisa gerenciar ativamente as expectativas e os alinhamentos entre as diferentes partes envolvidas.	A equipe do projeto é altamente distribuída entre várias organizações, incluindo múltiplos fornecedores, contratados e parceiros externos. As diferenças culturais e processuais são pronunciadas, e a gestão da integração entre essas partes é extremamente complexa. A governança e a gestão de riscos associados à terceirização são vitais para o sucesso do projeto. A comunicação e a coordenação precisam ser intensivamente gerenciadas para garantir a coesão e a eficácia do projeto.

Dimensão	Descrição do nível			
	1	2	3	4
Compliance	A conformidade com regulamentos é autoimposta pela organização e não envolve requisitos externos rigorosos. O impacto sobre o projeto é mínimo, com pouca necessidade de documentação adicional ou processos formais de revisão.	A conformidade exige atenção a regulamentos externos, mas os requisitos são moderados. A equipe precisa garantir que os processos estejam alinhados com regulamentos financeiros ou de privacidade que impõem algumas exigências adicionais de documentação e revisão. Embora importantes, esses requisitos são gerenciáveis sem mudanças substanciais nos processos do projeto.	A conformidade com regulamentos rigorosos é crítica para o projeto. A equipe deve gerenciar requisitos complexos, como regulamentações de privacidade rigorosas ou normativas financeiras detalhadas, que impõem um nível significativo de documentação extra, revisões frequentes e processos documentados. A conformidade é essencial para o sucesso do projeto e pode exigir ajustes consideráveis nos processos de gestão.	A conformidade com regulamentos críticos é absolutamente vital para o projeto. A equipe deve atender a requisitos extremamente rigorosos, como aqueles relacionados a regulamentações de segurança, privacidade crítica ou normas de qualidade de vida. Esses regulamentos exigem processos de conformidade muito detalhados, com documentação extensiva e revisões rigorosas. O fracasso em cumprir esses requisitos pode resultar em consequências severas, incluindo riscos para a vida ou grandes penalidades.

Dimensão	Descrição do nível			
	1	2	3	4
Domínio da complexidade	O domínio do problema é simples e bem definido. Os projetos nesse nível têm baixa complexidade técnica e poucas incertezas. A equipe pode seguir processos básicos de planejamento e execução, com pouca necessidade de modelagem inicial sofisticada. As competências necessárias são básicas, e o projeto pode ser gerido de forma eficiente com uma abordagem direta e pouco complexa.	O domínio do problema é moderadamente complexo. Os projetos neste nível enfrentam algumas incertezas e desafios técnicos que requerem uma abordagem mais detalhada no planejamento e na modelagem inicial. A equipe precisa de competências intermediárias para navegar pelas complexidades adicionais, e o investimento em planejamento é necessário para antecipar e mitigar possíveis problemas.	O domínio do problema é altamente complexo. Os projetos enfrentam incertezas significativas e desafios técnicos que exigem um planejamento extensivo e modelagem inicial sofisticada. A equipe deve possuir competências avançadas para gerenciar a complexidade e adaptar-se a um contexto de projeto em constante evolução. O investimento em análise detalhada e planejamento inicial é fundamento básico para o sucesso do projeto.	O domínio do problema é extremamente complexo e enfrenta incertezas críticas. Os projetos neste nível requerem um investimento significativo em modelagem, planejamento inicial e uma abordagem altamente adaptativa. A equipe deve ter competências muito sofisticadas e estar preparada para operar em um ambiente de alta incerteza e evolução constante. A gestão eficaz de tal projeto demanda uma abordagem meticulosa e recursos consideráveis para lidar com a complexidade extrema.

Dimensão	Descrição do nível			
	1	2	3	4
Complexidade da solução	A solução é simples e independente, sem necessidade de integração com sistemas existentes. O projeto envolve a criação de uma nova solução usando tecnologias modernas sem a necessidade de modificar ou interagir com infraestrutura ou ativos existentes. A complexidade técnica é mínima, e a equipe pode focar em construir algo novo sem a necessidade de considerar compatibilidades ou integrações complexas.	A solução aproveita ativos existentes, como softwares, fontes de dados ou serviços empresariais, mas sem necessidade de modificações significativas na infraestrutura existente. A equipe precisa considerar a reutilização e a compatibilidade com sistemas existentes, mas as adaptações são relativamente diretas e gerenciáveis. A complexidade técnica aumenta, mas é controlável.	A solução requer a modificação ou a atualização significativa de infraestrutura existente. O projeto envolve uma integração complexa com sistemas legados e pode necessitar de uma reestruturação substancial de componentes existentes. A equipe enfrenta desafios técnicos consideráveis para garantir que a nova solução funcione harmoniosamente com a infraestrutura atual. A complexidade técnica e de integração é alta, exigindo planejamento e execução cuidadosos.	A solução enfrenta uma alta complexidade, exigindo uma reestruturação completa da infraestrutura existente. O projeto envolve a reconstrução ou a renovação de sistemas críticos e a integração com múltiplas plataformas ou tecnologias. A equipe deve lidar com desafios técnicos extremos para garantir que a nova solução substitua ou se integre perfeitamente com a infraestrutura atual. A complexidade técnica é muito alta, e a margem para erro é mínima.

Cada uma das combinações do nome da dimensão e descrição do nível (de 1 a 4) possui um significado específico. O significado de cada item da escala nesta tabela assegura um posicionamento específico da dimensão no contexto analisado. Por exemplo, uma equipe de projetos de 50 pessoas atuando em um projeto complexo que exige cooperação e forte colaboração entre eles foi colocada em um único local. Nessa situação, para o "Tamanho da equipe", teremos para a "Descrição do Nível" a pontuação 4. Já para a "Distribuição geográfica" na "Descrição do Nível" teremos a pontuação 1.

Em sua planilha, aba **Parâmetro,** esta configuração consta na tabela com o nome é **SAC – LINHA DE BASE**, representada pela Tabela 19.

Tabela 19. SAC – Linha de base.
Fonte: os autores.

SAC	Nível
Competência da equipe	4
Cultura da equipe	3
Natureza do problema	4
Restrição do negócio	2
Tamanho da equipe	4
Distribuição geográfica	4
Distribuição organizacional	1
Compliance	4
Domínio da complexidade	3
Complexidade da solução	3

Esta tabela descreve a classificação do contexto no qual este projeto irá operar. Os níveis podem ser modificados a depender do contexto do projeto. Embora para cada dimensão tenha sido assinalado um nível na escala de avaliação, essas dimensões podem ter diferentes graus de importância em função do contexto do projeto, representados pela variável **Grau**.

Para cada dimensão são atribuídos intervalos em graus de importância entre 1 e 10, conforme Tabela 20.

Tabela 20. SAC – Linha de base.
Fonte: os autores.

Dimensão	Grau	Nível
Competência da equipe	7	4
Complexidade da solução	8	3
Compliance	9	4
Cultura da equipe	4	2
Distribuição geográfica	4	4
Distribuição organizacional	4	4
Domínio da complexidade	5	1
Natureza do problema	5	4
Restrição do negócio	5	3
Tamanho da equipe	5	3

Por exemplo, nesta tabela, a dimensão Tamanho da Equipe (5) é menos importante que *Compliance* (9). Ao término da configuração das competências e de suas categorias e dimensões do contexto SAC, o passo seguinte é responder o diagnóstico de competências.

Responder diagnóstico

Na planilha, é preciso localizar a aba denominada **Questionário**, conforme apresentado da Figura 12.

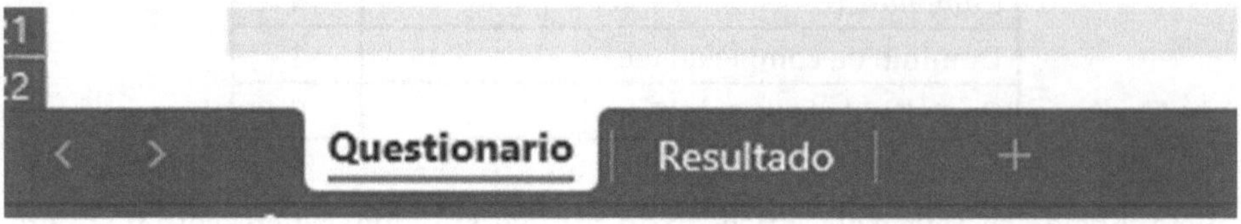

Figura 12. Questionário.
Fonte: os autores

Ao clicar nesta aba, você acessará a seção onde você deverá inserir seu nome, bem como selecionar sua função e experiência na lista apresentada.

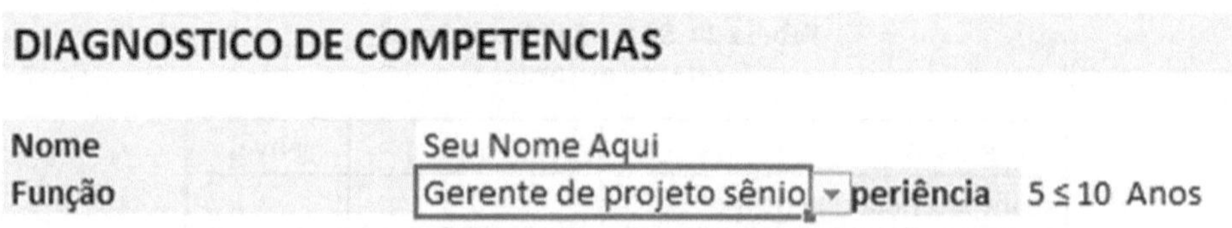

Figura 13. Informações básicas.
Fonte: os autores.

O passo seguinte é responder ao questionário de competências, ou seja, os itens relacionados às 20 competências definidas na aba parâmetro. Vale destacar que todas as questões foram construídas com o auxílio de uma IA generativa, sendo necessário rever o algoritmo e rodar novamente para diferentes contextos. A Figura 14 apresenta a Pergunta 1, que é explicada a seguir.

Você está liderando um projeto de desenvolvimento de software para uma empresa global. O projeto envolve uma equipe distribuída geograficamente, composta por membros de várias organizações. No meio do projeto, surgem mudanças inesperadas nos regulamentos de *compliance* que exigem documentação adicional e implementação de novos procedimentos. Além disso, a direção da empresa decide alterar a prioridade do projeto, exigindo uma reavaliação completa do planejamento inicial e a realocação de recursos. Simultaneamente, o projeto enfrenta cortes inesperados de financiamento, exigindo uma reavaliação do orçamento e ajustes no escopo do projeto. Para complicar ainda mais a situação, a principal ferramenta de comunicação utilizada pela equipe falha temporariamente, impactando a coordenação e colaboração. Como você agiria nesta situação?

1	1) Eu adaptaria meu pensamento e comportamento para coordenar a equipe, ajustando a comunicação e as ferramentas de colaboração para garantir conformidade e manter a coesão da equipe, levando a uma conclusão bem-sucedida e em conformidade com os novos regulamentos. 2) Eu mobilizaria a equipe para focar nas novas prioridades, ajustando nossas estratégias e recursos, e conseguiríamos entregar um produto que atendesse às novas expectativas da organização. 3) Adaptaria ao novo orçamento, renegociaria contratos e ajustaria o escopo do projeto para manter a qualidade dentro das novas restrições. 4) Eu implementaria rapidamente um método alternativo de comunicação, garantindo que a equipe permanecesse coordenada até que o problema fosse resolvido.

Figura 14. Diagnóstico – Situação 1.
Fonte: os autores.

A Figura 14 é composta pelos seguintes campos:

- **Situação:** um cenário de projetos considerando o significado de competência e atuação no contexto do SAC, ou seja, é utilizada a técnica BEI, explicada anteriormente neste livro.
- **Resposta:** para este cenário existem quatro respostas, todas corretas. Ao responder, assinale aquela mais adequada à sua experiência atual. Na figura a resposta para a situação foi **1**; na planilha a resposta está localizada na coluna A com a célula em amarelo.

Nesse diagnóstico são apresentadas 20 diferentes situações que devem ser respondidas na sequência. Ao término, procede-se para o último passo, que é analisar os resultados.

Analisar resultados

O último passo é efetuar a análise das competências para identificação das lacunas, ou seja, comparar as respostas do diagnóstico com o que é esperado diante do contexto a ser analisado.

Para isso, na planilha fornecida procure pela aba **Resultado**. Ela possui as seguintes sessões:

Identificação

A primeira seção apresenta os campos **Nome** e **Função** originados da aba **Questionário** da planilha.

Análise do contexto – Recomendações

Esta seção apresenta três elementos, reproduzidos na Figura 15.

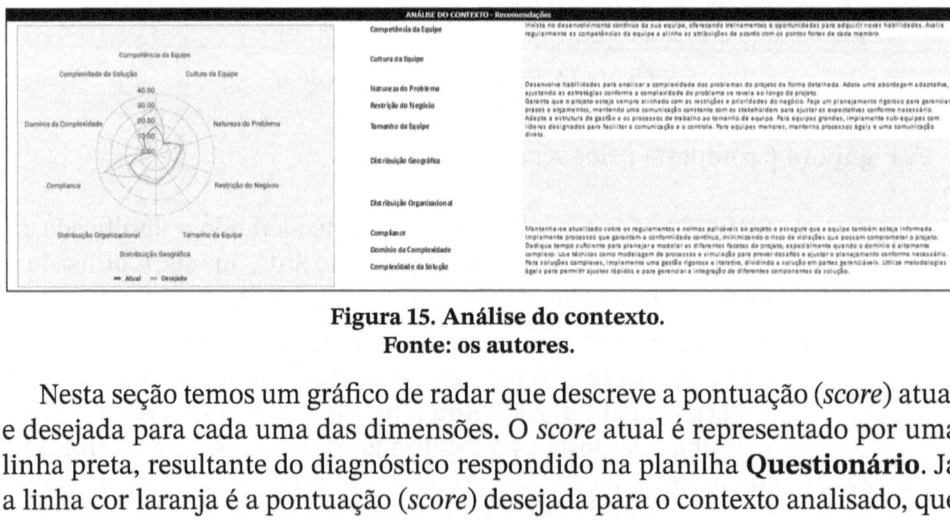

Figura 15. Análise do contexto.
Fonte: os autores.

Nesta seção temos um gráfico de radar que descreve a pontuação (*score*) atual e desejada para cada uma das dimensões. O *score* atual é representado por uma linha preta, resultante do diagnóstico respondido na planilha **Questionário**. Já a linha cor laranja é a pontuação (*score*) desejada para o contexto analisado, que é decorrente da parametrização da aba **Parâmetro**. Por exemplo, ao analisar a dimensão *compliance*, é possível verificar visualmente que a pontuação desejada é maior que a obtida. Vale explicitar que os parâmetros de mensuração são obtidos levando em conta o grau de importância (1 – 10) e o nível de cada dimensão do SAC (1 – 4). Desse modo, cada dimensão pode chegar a um valor de *score* 40.

Nessa mesma linha, ao verificarmos as recomendações para a dimensão *compliance* a ferramenta propõe uma recomendação para preencher essa lacuna: “Mantenha-se atualizado sobre os regulamentos e normas aplicáveis ao projeto e assegure que a equipe também esteja informada. Implemente processos que garantam a conformidade contínua, minimizando o risco de violações que possam comprometer o projeto".

Ainda sobre as recomendações, onde não há lacunas identificadas, como, por exemplo, cultura da equipe, a ferramenta não apresentará recomendações. Nessa situação aparecerá somente a célula pintada sem texto. Nós informamos que as recomendações foram obtidas com apoio de IA generativa, o que permite maior amplitude na obtenção de informações. Nesse momento, um profissional sênior também acompanha as recomendações, que poderão ser utilizadas para um planejamento de desenvolvimento de competências para cada projeto. No próximo capítulo fornecemos maiores informações sobre o desenvolvimento de competências.

Análise das competências – Recomendações

Esta seção apresenta três elementos, reproduzidos na Figura 16.

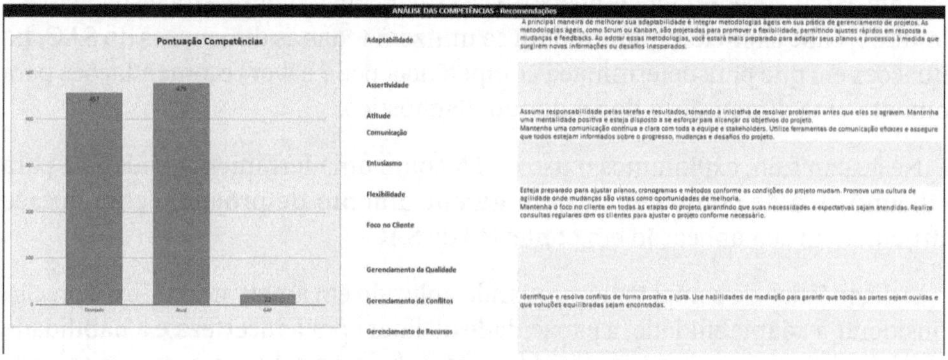

Figura 16. Análise das competências.
Fonte: os autores.

Esta seção é composta por um gráfico de barras que apresenta a pontuação total do diagnóstico de competências, cuja coluna é representada pelo título Atual e pontuação igual a 479. A barra à esquerda representa o total de pontos desejado (457), resultante da configuração da aba **Parâmetro**, e à direita temos a barra denominada *Gap*, que neste caso é de 22 pontos.

Esse cenário mostra que a pontuação total atingida pelo respondente é maior que a desejada, porém, ainda assim, ao analisar as competências individualmente, é possível identificar lacunas.

Por exemplo, as competências de adaptabilidade e flexibilidade possuem recomendações, já as competências de assertividade e foco no cliente não.

Análise das competências no contexto – Recomendações

Nesta seção, é possível analisar com maior profundidade cada uma das competências em função das dimensões do SAC. Na Figura 17, é apresentado um exemplo.

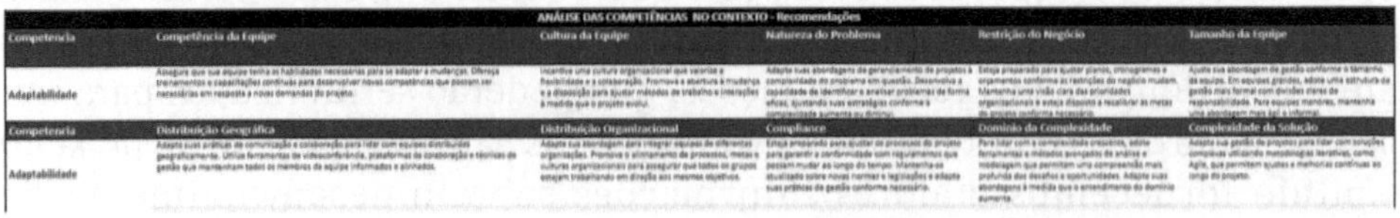

Figura 17. Análise das competências no contexto.
Fonte: os autores.

Neste exemplo, a mesma competência identificada na seção anterior é apresentada na figura, porém, com recomendações específicas para cada uma das dimensões. Aqui, todas as dimensões do SAC foram analisadas (na planilha o restante das análises está mais abaixo, basta rolar com o mouse para visualizá-las). Contudo, cabe explicitar que, embora se utilizem todas as dimensões do SAC, há situações em que para determinada competência pode haver recomendações para somente uma dimensão, a depender do diagnóstico.

Neste capítulo, exploramos o uso da IA como uma ferramenta poderosa para o diagnóstico de competências em gerenciamento de projetos, com ênfase particular em sua aplicação em contextos de SAC.

O diagnóstico de competências, quando aplicado em ambientes de SAC, precisa considerar a adaptabilidade, a capacidade de lidar com a incerteza e a habilidade de colaborar em redes interconectadas de *stakeholders*. A IA, com sua capacidade de processar grandes volumes de dados e identificar padrões emergentes, oferece uma vantagem significativa. Ela permite identificar não apenas as competências técnicas necessárias, mas também as competências comportamentais e contextuais que são críticas em ambientes complexos.

Os sistemas de gestão de competências em contextos de SAC permitem uma abordagem mais dinâmica e contínua para a avaliação e desenvolvimento de profissionais. Isso é essencial, pois os SACs exigem que os gerentes de projetos sejam capazes de ajustar suas abordagens de forma rápida e eficaz em resposta a mudanças nas condições do sistema. A IA auxilia nesse processo ao fornecer *insights* em tempo real, prever necessidades de desenvolvimento e personalizar planos de capacitação para responder às exigências específicas dos SACs.

No entanto, apesar dos avanços proporcionados pela IA, é importante reconhecer que o fator humano permanece central no gerenciamento de SAC. A tecnologia deve ser vista como um complemento à expertise humana, capaz de potencializar a capacidade de tomar decisões informadas, mas que não substitui o julgamento e a sensibilidade dos indivíduos que são necessários para interpretar e aplicar os resultados de maneira eficaz em ambientes complexos.

Ademais, a aplicação da IA no diagnóstico de competências em SAC enfrenta desafios, como as questões éticas relacionadas à privacidade dos dados e à transparência nos processos de avaliação. Tais desafios são particularmente relevantes em ambientes onde a complexidade e a interdependência dos sistemas aumentam a importância da confiança e da clareza nos processos.

Esse diagnóstico de competências em contextos de SAC oferece uma abordagem inovadora e prepara melhor o profissional para atuar em ambientes complexos e incertos, oferecendo recomendações claras. No próximo capítulo apresentaremos recomendações adicionais que ajudarão nesse desenvolvimento contínuo.

7. Recomendações e boas práticas

Como manter suas competências em gerenciamento de projetos atualizadas?

Aqui estão algumas orientações para garantir o desenvolvimento contínuo de suas competências:

1. Educação continuada

- **Certificações:**
    - Além das certificações PMP, PRINCE2® e *Agile*, recomenda-se incluir o ICB da IPMA como referência, considerando seu alinhamento com as competências técnicas, comportamentais e contextuais, conforme descrito por Hermarij (2016).
    - Incentivar certificações que promovam competências de sustentabilidade e alinhamento estratégico, como as oferecidas pela *Green Project Management* (GPM).
- **Cursos *on-line*:**
    - Adote plataformas especializadas como o IPMA e-Learning ou a *eSchool* mencionada por Hermarij (2016), que oferecem cursos diretamente voltados às práticas e competências reconhecidas no mercado de gerenciamento de projetos.

- Procure priorizar conteúdos que abordem também o desenvolvimento de *soft skills*, como liderança e comunicação, essenciais para o sucesso de projetos em várias fontes (TURNER; MÜLLER, 2006; CLUTTERBUCK; LANE, 2004).

2. Treinamento e *workshops*

- Participe de treinamentos específicos e *workshops* que priorizem a aplicação prática e a integração de competências técnicas e comportamentais. Abordagens como o uso de tarefas abertas e baseadas em problemas podem promover um aprendizado mais profundo e alinhado ao ambiente profissional (RAUNER, 2021).
- Envolva-se em programas de desenvolvimento contínuo oferecidos por organizações profissionais, priorizando aqueles que incluem mentoria e *coaching* como estratégias para reforçar competências interpessoais e técnicas em um contexto prático e adaptativo (CLUTTERBUCK; LANE, 2004).

3. Leitura e pesquisa

- Leia livros e artigos acadêmicos sobre as melhores práticas e tendências em gerenciamento de projetos. *Blogs* e fóruns são interessantes e relevantes, mas busque também o conhecimento científico para embasar suas decisões.
- Participe de *webinars* e *podcasts* promovidos por instituições reconhecidas, como a IPMA ou PMI, que frequentemente trazem discussões baseadas em evidências científicas e estudos de caso reais (RAUNER, 2021). As comunidades de prática, descritas como ambientes colaborativos para a troca de experiências e aprendizado, são complementares a essas fontes (CLUTTERBUCK; LANE, 2004).

4. Mentoria e *coaching*

- Colabore com mentores que possam fornecer orientação específica e *feedback* estruturado. A mentoria é uma ferramenta poderosa para o desenvolvimento de competências interpessoais e técnicas, como destacado por Clutterbuck e Lane (2004). Além disso, Rauner (2021) aponta que a interação com mentores experientes ajuda a alinhar o aprendizado prático com contextos profissionais específicos, garantindo uma aplicação eficaz das competências desenvolvidas.

- Participe de programas de *coaching*. Eles promovem habilidades de liderança e comunicação por meio de abordagens personalizadas e baseadas em tarefas práticas. Hermarij (2016) destaca que o *coaching* é fundamental para aprimorar competências comportamentais, enquanto Clutterbuck e Lane (2004) sugerem que o *coaching* pode complementar a mentoria ao oferecer um foco mais direcionado em objetivos específicos do profissional.

5. Experiência prática

- Trabalhar em projetos variados, especialmente em contextos de alta complexidade e incerteza, promove o desenvolvimento de competências técnicas e comportamentais essenciais. Rauner (2021) descreve que participar de projetos dinâmicos estimula a resolução de problemas adaptativos e a tomada de decisões em tempo real. Além disso, Turner e Müller (2006) reforçam que assumir diferentes responsabilidades em projetos ajuda os profissionais a desenvolverem uma compreensão sistêmica das interdependências dentro de equipes multifuncionais.
- Envolver-se em projetos voluntários oferece oportunidades valiosas para aplicar e expandir competências em contextos diversificados. O trabalho voluntário pode desenvolver habilidades como empatia, trabalho em equipe e liderança, que são transferíveis para o ambiente profissional. Além disso, o voluntariado permite a ampliação da rede de contatos e a aquisição de experiências práticas que enriquecem o desenvolvimento pessoal e profissional.

6. *Networking*

- Participe de conferências, seminários e eventos de *networking* para construir relacionamentos com outros profissionais da área. Esses eventos permitem a atualização sobre tendências do setor e o desenvolvimento de habilidades profissionais. Além disso, proporcionam um ambiente propício para a troca de experiências e ideias inovadoras.
- Junte-se a associações profissionais, de gerenciamento de projetos, para acessar recursos exclusivos e ter oportunidades de desenvolvimento.
- Também há espaço em grupos de pesquisas em universidades e programas de pós-graduação, que costumam abrir oportunidades

para discussões e pesquisas em diversas áreas de competências. Essas experiências acadêmicas permitem a colaboração em projetos de pesquisa, acesso a recursos educacionais avançados e a oportunidade de contribuir para o avanço do conhecimento na área de atuação.

7. Reflexão e autoavaliação

- Realize autoavaliações regulares para identificar áreas de melhoria e definir metas de desenvolvimento. O *feedback* contínuo é uma ferramenta poderosa para o crescimento, pois conecta aprendizado, desempenho e motivação, criando um ciclo de evolução constante.
- Integrar a autoavaliação com o *feedback* externo cria um ambiente propício ao desenvolvimento profissional, permitindo ajustes comportamentais e a melhoria contínua das competências.

8. Sustentabilidade no gerenciamento de projetos

- Adote práticas de sustentabilidade em projetos, alinhando objetivos organizacionais a metas ambientais e sociais. Implementar metodologias que integram sustentabilidade, como a *P5 Standard for Sustainability in Project Management*, permite gerenciar impactos ambientais, sociais e econômicos de forma equilibrada (SILVIUS *et al.*, 2012). O gerenciamento sustentável de projetos amplia o impacto positivo das entregas e contribui para a reputação organizacional, além de atender às crescentes demandas por práticas responsáveis no mercado global.

9. Uso de tecnologias avançadas

- Explore ferramentas tecnológicas avançadas, como softwares de inteligência artificial (IA) e automação, para otimizar processos de planejamento e execução de projetos. Hermarij (2016) aponta que a aplicação de tecnologia ajuda a reduzir erros, prever riscos e melhorar a eficiência operacional. A adoção de tecnologias emergentes permite automatizar tarefas repetitivas, analisar grandes volumes de dados e melhorar a tomada de decisões, especialmente em projetos complexos.

10. Desenvolvimento de competências multiculturais

- Envolva-se em projetos globais ou com equipes multiculturais para desenvolver competências interculturais, como comunicação e gestão de diferenças culturais. Clutterbuck e Lane (2004) destacam que trabalhar com equipes diversificadas promove uma perspectiva mais ampla e enriquecedora. Essas experiências ajudam os profissionais a se adaptarem às complexidades de um mercado globalizado, promovendo inovação e resiliência.

11. Participação em programas de mentoria reversa

- Participe de programas de mentoria reversa, nos quais profissionais mais jovens ou com expertise em novas tecnologias orientam líderes ou colegas experientes. Rauner (2021) sugere que essa prática é eficaz para promover a troca de conhecimentos entre gerações. A mentoria reversa contribui para a atualização de habilidades tecnológicas e traz novas perspectivas para a solução de problemas organizacionais.

Seguindo essas orientações, suas competências em gerenciamento de projetos permanecerão atualizadas. Estas recomendações buscam atender às necessidades dinâmicas e multifacetadas do mercado de trabalho, promovendo não apenas a qualificação técnica, como também o aprimoramento comportamental, estratégico e sustentável dos profissionais.

O plano de ação

Antes de aplicar essas recomendações, pense em um plano de ação. Para desenvolver um plano de ação eficaz que contribua para a melhoria das competências em gerenciamento de projetos, é importante começar identificando as competências mais relevantes para as demandas atuais e futuras de sua atuação profissional. Esse processo exige reflexão, análise e uma compreensão mais detalhada sobre os pontos fortes e as áreas que necessitam de maior atenção. A autoavaliação e o *feedback* externo podem ser ferramentas úteis nesse diagnóstico (HERMARIJ, 2016; CLUTTERBUCK; LANE, 2004).

Após essa identificação, é fundamental estabelecer objetivos claros, específicos e mensuráveis. Objetivos bem definidos servem como diretrizes para o desenvolvimento profissional, promovendo uma progressão estruturada e orientada. De acordo com Rauner (2021), metas claras ajudam a alinhar esforços e possibilitam o monitoramento do progresso em relação às competências desenvolvidas.

Além disso, a criação de um cronograma detalhado é essencial para organizar o tempo e priorizar ações. Cronogramas ajudam a dividir objetivos maiores em tarefas gerenciáveis, permitindo que os profissionais avancem gradualmente, mas de forma consistente. Pequenos avanços, quando acumulados, podem contribuir para uma melhoria significativa nas competências profissionais ao longo do tempo (TURNER; MÜLLER, 2006).

A aprendizagem contínua é descrita por Silvius *et al.* (2012) como um processo dinâmico e gradual. Cada etapa no aprimoramento de competências deve ser vista como parte de uma evolução constante, que integra o desenvolvimento técnico, comportamental e estratégico do profissional. Na Tabela 21 é apresentado um exemplo de plano de ação.

Tabela 21. Exemplo de plano de ação resumido.
Fonte: os autores.

Competência prioritária	Meta SMART	Atividades	Prazo	Indicador de sucesso
Adaptabilidade	Melhorar a capacidade de adaptação a mudanças de requisitos em projetos dentro de 90 dias	Participar de *workshops* de flexibilidade e gerenciamento de mudanças; realizar simulações práticas de cenários dinâmicos; implementar uma técnica aprendida em um projeto real no trabalho.	90 dias	*Feedback* 360° positivo dos *stakeholders* do projeto sobre a flexibilidade demonstrada.

Competência prioritária	**Meta SMART**	**Atividades**	**Prazo**	**Indicador de sucesso**
Gestão de riscos	Reduzir a quantidade de riscos não identificados em projetos em 50% dentro de seis meses	Realizar sessões de *brainstorming* com a equipe para identificação de riscos; utilizar ferramentas como *Risk Register* e *SWOT Analysis* em projetos em andamento; participar de um curso de análise de riscos *on-line*.	Seis meses	Relatórios de riscos mais completos e redução dos riscos não previstos.
Liderança	Melhorar a capacidade de engajar e motivar a equipe em três meses	Participar de sessões de *coaching* para liderança; realizar reuniões semanais com a equipe para promover um ambiente colaborativo; aplicar técnicas de comunicação assertiva aprendidas no *coaching*.	Três meses	Aumento do índice de engajamento da equipe em ferramentas de medição, como pesquisas internas.
Gerenciamento de tempo	Melhorar a capacidade de priorizar tarefas e concluir entregas em 60 dias	Fazer um curso de gerenciamento de tempo e priorização de tarefas; implementar a técnica *Time Blocking* no planejamento diário; utilizar uma ferramenta como Trello para acompanhar prazos.	60 dias	Redução de 20% nos atrasos de entregas em projetos.

Competência prioritária	Meta SMART	Atividades	Prazo	Indicador de sucesso
Tomada de decisões	Aumentar a qualidade e a rapidez nas decisões em projetos dentro de quatro meses	Participar de um *workshop* sobre análise de problemas e decisão; realizar reuniões de retrospectiva para avaliar decisões anteriores e identificar melhorias; adotar a matriz Eisenhower para priorizar ações críticas.	Quatro meses	*Feedback* qualitativo dos gestores e *stakeholders* sobre decisões mais rápidas.
Sustentabilidade	Integrar práticas de sustentabilidade em um projeto dentro de seis meses	Participar de um curso sobre o *P5 Standard for Sustainability in Project Management*; aplicar práticas de sustentabilidade em um projeto específico; apresentar os resultados das práticas implementadas à equipe.	Seis meses	Relatório de impacto sustentável entregue e validado pelos *stakeholders*.

Competência prioritária	Meta SMART	Atividades	Prazo	Indicador de sucesso
Comunicação	Melhorar a comunicação com equipe e *stakeholders* em 90 dias	Participar de treinamentos de comunicação interpessoal; implementar reuniões regulares com equipe e *stakeholders* para alinhamento; adotar ferramentas de gestão de comunicação, como Slack e Microsoft Teams.	90 dias	Redução de problemas de comunicação e aumento no alinhamento de expectativas dos *stakeholders*.

Neste capítulo, exploramos a importância de manter suas competências em gerenciamento de projetos atualizadas e as práticas essenciais para se destacar em um mercado cada vez mais competitivo e dinâmico. As orientações apresentadas aqui são um roteiro prático para o desenvolvimento contínuo e sustentável das suas habilidades profissionais.

Por fim, não se esqueça de prever formas de monitorar e avaliar seu progresso ao longo do tempo. Isso pode incluir avaliações periódicas, *feedback* de colegas e supervisores, ou até mesmo autoavaliações regulares. A sensação de crescimento e realização que você experimentará ao ver o quanto avançou será altamente motivadora, reforçando a confiança de que você está no caminho certo para alcançar seus objetivos acadêmicos e profissionais.

Ao investir em educação continuada, participar de treinamentos e envolver-se em práticas de reflexão e autoavaliação, você estará apto a enfrentar os desafios futuros com confiança e competência. A flexibilidade e a capacidade de adaptação, combinadas com o fortalecimento das competências comportamentais e a integração eficaz de metodologias, são fundamentais para navegar com sucesso em ambientes de projetos complexos e em constante evolução.

Além disso, a gestão eficaz dos *stakeholders* e o foco na entrega contínua de valor ao cliente são pilares que sustentam o sucesso dos projetos e a satisfação dos *stakeholders*. Ao utilizar ferramentas de diagnóstico e envolver-se em comunidades de prática, você amplia suas perspectivas e fortalece seu arsenal de competências, preparando-se para inovar e liderar com eficácia.

Seguir essas recomendações contribui para o crescimento e a competitividade de sua organização em um cenário global. Lembre-se de que o aprendizado e o desenvolvimento são processos contínuos. Ao adotar essas práticas, você estará constantemente elevando o nível de excelência em sua carreira e garantindo seu sucesso em longo prazo.

Que estas recomendações sirvam como um guia contínuo em sua jornada de crescimento e que você possa, com elas, alcançar novos patamares de realização profissional e impacto em sua carreira profissional.

Referências

AGILE BUSINESS CONSORTIUM. **Agile PM®:** Agile Project Management Handbook v2. High Wycombe, UK: Agile Business Consortium, 2014.

AHADZIE, D. K. *et al.* Towards developing competency-based measures for project managers in mass house building projects in developing countries. **Construction Management and Economics**, vol. 27, n. 1, p. 89-102, 2009.

AHLEMANN, F. *et al.* A process framework for theoretically grounded prescriptive research in the project management field. **International Journal of Project Management**, vol. 31, n. 1, p. 43-56, 2013.

AHMED, R.; PHILBIN, S. P.; CHEEMA, F.-e-A. Systematic literature review of project manager's leadership competencies. **Engineering, Construction and Architectural Management**, vol. 28, n. 1, 2021, p. 1-30. Disponível em: <https://doi.org/10.1108/ECAM-05-2019-0276>. Acesso em: 14 jan. 2025.

AHSAN, K.; HO, M.; KHAN, S. Recruiting project managers: A comparative analysis of competencies and recruitment signals from job advertisements. **Project Management Journal**, vol. 44, n. 5, p. 36-54, 2013.

AIPM. **RegPT™ Certification:** Certified Practising Project Manager (CPPM). Competency Standards. Professional Competency Standards for Project Management. Australian Institute of Project Management, 2021.

AIPM. Site. Disponível em: <https://www.aipm.com.au>. Acesso em: 10 jan. 2025.

ALALOUL, W. S. *et al.* Industrial Revolution 4.0 in the construction industry: Challenges and opportunities for stakeholders. **Ain Shams Engineering Journal**, vol. 11, n. 1, p. 225-230, Mar. 2020. Disponível em: <https://doi.org/10.1016/j.asej.2019.08.010>. Acesso em: 28 nov. 2024.

ALMEIDA, F.; SIMÕES, J. Leadership Challenges in Agile Environments. **International Journal of Information Technology Project Management**

(IJITPM), vol. 12, n. 2, 2021, p. 30-44. Disponível em: <https://doi.org/10.4018/IJITPM.2021040102>. Acesso em: 16 jan. 2025.

ALVARENGA, J. C. *et al.* The project manager core competencies to project success. **International Journal of Managing Projects in Business**, vol. 13, n. 2, 2020. Disponível em: <https://doi.org/10.1108/IJMPB-12-2018-0274>. Acesso em: 05 dez. 2024.

AMA. **AMA Skill Assessments.** Disponível em: <https://www.amanet.org/resources/skill-assessment/>. Acesso em: 13 jan. 2025.

AMBER, S. W.; LINES, M. **Disciplined Agile Delivery:** a practitioner's guide to agile software delivery in the enterprise. Boston, MA: IBM Press, 2012.

AMOAH, A.; MARIMON, F. Project managers as knowledge workers: Competencies for effective project management in developing countries. **Administrative Sciences**, vol. 11, n. 4, 2021. Disponível em: <https://doi.org/10.3390/admsci11040131>. Acesso em: 14 jan. 2025.

AMOATEY, C. T. *et al.* Analysing delay causes and effects in Ghanaian state housing construction projects. **International Journal of Managing Projects in Business**, vol. 8, n. 1, p. 198-214, 2015.

ANDERSON, P. Complexity theory and organization science. **Organization Science**, vol. 10, n. 3, p. 216-232, May-June 1999.

APM. **APM Competence Framework.** 2nd.ed. Association for Project Management, 2015. Disponível em: <https://www.apm.org.uk/v2/media/qgjc35jh/apm-competence-framework.pdf>. Acesso em: 29 nov. 2024.

ARAMO-IMMONEN, H. *et al.* Project managers' competence identification. **International Journal of Human Capital and Information Technology Professionals (IJHCITP)**, vol. 2, n. 1, 2011, p. 33-47. Disponível em: <https://doi.org/10.4018/jhcitp.2011010103>. Acesso em: 14 jan. 2025.

ARIA, M. *et al.* PLS Path Modeling for causal detection of project management skills: A research field in National Research Council in Italy. **Electronic Journal of Applied Statistical Analysis**, vol. 11, n. 2, Oct. 2018, p. 516-545. Disponível em: <https://doi.org/10.1285/i20705948v11n2p516>. Acesso em: 14 jan. 2025.

ARITUA, B.; SMITH, N. J.; BOWER, D. Construction client multi-projects – A complex adaptive systems perspective. **International Journal of Project Management**, vol. 27, n. 1, p. 72-79, 2009.

ARMSTRONG, M. **Armstrong's handbook of performance management:** An evidence-based guide to delivering high performance. 6th.ed. London: Kogan Page, 2017.

ARTTO, K.; WIKSTRÖM, K. What is project business? **International Journal of Project Management**, vol. 23, n. 5, p. 343-353, 2005.

ASSOCIATION FOR TALENT DEVELOPMENT. **Capability Model | Enterprise Skills Gap Assessment.** Disponível em: <https://www.td.org/enterprise-skills-gap-assessment>. Acesso em: 13 JAN. 2025.

AUYANG, S. Y. **Foundations of Complex-System Theories:** in economics, evolutionary biology, and statistical physics. Cambridge, UK: Cambridge University Press, 1998.

AXELOS. **PRINCE2 Agile®.** London: The Stationery Office, 2015.

AXELROD, R. M.; COHEN, M. D. **Harnessing Complexity:** organizational implications of a scientific frontier. New York, NY: Basic Books, 2000.

BALSHAKOVA, T. *et al.* Choosing your WoW: the Situation Context Framework (SCF). **Disciplined Agile Blog**, Mar. 15, 2013. Disponível em: <https://www.projectmanagement.com/blog-post/61732/Choosing-Your-WoW--The-Situation-Context-Framework--SCF->. Acesso em: 06 dez. 2024.

BASHIR, R. *et al.* Project Managers' Competencies in International Development Projects: A Delphi Study. **SAGE Open**, vol. 11, n. 4, 2021. Disponível em: <https://doi.org/10.1177/21582440211058188>. Acesso em: 14 jan. 2025.

BASTIEN, D. T.; HOSTAGER, T. J. Jazz as a process of organizational innovation. **Communication Research**, vol. 15, n. 5, p. 582-602, 1988.

BECK, T. E.; PLOWMAN, D. A. Temporary, emergent interorganizational collaboration in unexpected circumstances: a study of the *Columbia* space shuttle response effort. **Organization Science**, vol. 25, n. 4, p. 969-1286, 2014.

BELKADI, F.; BONJOUR, E.; DULMET, M. Competency characterisation by means of work situation modelling. **Computers in Industry**, vol. 58, n. 2, Feb. 2007, p. 164-178.

BENBYA, H.; MCKELVEY, B. Toward a complexity theory of information systems development. **Information Technology & People**, vol. 19, n. 1, 2006a, p. 12-34. Disponível em: <http://dx.doi.org/10.1108/09593840610649952>. Acesso em: 14 jan. 2025.

BENBYA, H.; MCKELVEY, B. Using coevolutionary and complexity theory to improve IS alignment: a multi-level approach. **Journal of Information Technology**, vol. 21, n. 4, p. 284-298, 2006.

BITNER, M. J.; BOOMS, B. H.; TETREAULT, M. S. The service encounter: Diagnosing favorable and unfavorable incidents. **Journal of Marketing**, vol. 54, n. 1, Jan. 1990, p. 71-84.

BLÖMEKE, S.; GUSTAFSSON, J.-E.; SHAVELSON, R. J. (2015). Beyond dichotomies: Competence viewed as a continuum. **Zeitschrift für Psychologie**, vol. 223, n. 1, p. 3-13, 2015. Disponível em: <https://doi.org/10.1027/2151-2604/a000194>. Acesso em: 10 jan. 2025.

BOUWMAN, R.; BROHM, R. Phronetic judgement, an essential competence for a project manager in a complex project environment! **International Journal of Business and Globalisation**, vol. 17, n. 4, 2016, p. 582-596. Disponível em: <https://doi.org/10.1504/IJBG.2016.079341>. Acesso em: 13 jan. 2025.

BOYATZIS, R. E. **The competent manager:** a model for effective performance. New York, NY: John Wiley, 1982.

BRADY, T.; DAVIES, A. Managing structural and dynamic complexity: A tale of two projects. **Project Management Journal**, vol. 45, n.3, p. 21-38, 2014.

BREDILLET, C.; TYWONIAK, S.; DWIVEDULA, R. What is a good project manager? An Aristotelian perspective. **International Journal of Project Management**, vol. 33, n. 2, 2015, p. 254-266. Disponível em: <https://doi.org/10.1016/j.ijproman.2014.04.001>. Acesso em: 14 jan. 2025.

BRIÈRE, S. *et al.* Competencies of project managers in international NGOs: perceptions of practitioners. **International Journal of Project Management**, vol. 33, n. 1, p. 116-125, Jan. 2015.

BRISTOW, G.; HEALY, A. Regional resilience: an agency perspective. **Regional Studies**, vol. 48, n. 5, p. 923-935, 2014.

CAMPION, M. A.; PALMER, D. K.; CAMPION, J. E. A review of structure in the selection interview. **Personnel Psychology**, vol. 50, n. 3, p. 655-702, 1997.

CHAER, G.; DINIZ, R. R. P.; RIBEIRO, E. A. A técnica do questionário na pesquisa educacional. **Evidência**, vol. 7, 2011, p. 251-266.

CHEETHAM, G.; CHIVERS, G. Towards a holistic model of professional competence. **Journal of European Industrial Training**, vol. 20, n. 5, p. 20-30, 1996.

CHENG, M.-I.; DAINTY, A. R. J.; MOORE, D. R. What makes a good project manager? **Human Resource Management Journal**, vol. 15, n. 1, Jan. 2005, p. 25-37.

CHIPULU, M. *et al.* A multidimensional analysis of project manager competences. **IEEE Transactions on Engineering Management**, vol. 60, n. 3, p. 506-517, Aug. 2013.

CHOI, T. Y.; DOOLEY, K. J.; RUNGTUSANATHAM, M. Supply networks and complex adaptive systems: control versus emergence. **Journal of Operations Management**, 19, p. 351-366, 2001.

CHRISTIANSEN, J. K. ; VENDELØ, M. T. The role of reputation building in international R&D project collaboration. **Corporate Reputation Review**, vol. 5, n. 4, p. 304-329, 2003. Disponível em: <https://research.cbs.dk/en/publications/the-role-of-reputation-building-in-international-rampd-project-co-2>. Acesso em: 06 dez. 2024.

CIC. **Construction Project Management Skills.** London: Construction Industry Council, s.d. Disponível em: <https://www.cic.org.uk/uploads/images/construction-project-management-skills.pdf?v=1652715202>. Acesso em: 10 jan. 2025.

CICMIL, S. *et al.* Rethinking project management: Researching the actuality of projects. **International Journal of Project Management**, vol. 24, 2006, p. 675-686. Disponível em: <https://doi.org/10.1016/j.ijproman.2006.08.007>. Acesso em: 14 jan. 2025.

CILLIERS, P. **Complexity and postmodernism:** understanding complex systems. London: Routledge, 2000.

CLUTTERBUCK, D.; LANE, G. **The Situational Mentor:** an international review of competences and capabilities in mentoring. Aldershot, UK: Gower Publishing, 2004.

CONFORTO, E. C.; AMARAL, D. C. Agile project management and stage-gate model—A hybrid framework for technology-based companies. **Journal of Engineering and Technology Management**, vol. 40, Apr.-June 2016, p. 1-14. Disponível em: <https://doi.org/10.1016/j.jengtecman.2016.02.003>. Acesso em: 29 nov. 2024.

CRAWFORD, L. Assessing and developing the project management competence of individuals. *In*: TURNER, J. R.; SIMISTER, S. J. (eds.). **The Gower Handbook of Project Management**, 4th.ed. Farnham, UK: Gower Publishing, 2003, p. 665-677.

CRAWFORD, L. H. Project management competence: The value of standards. **International Journal of Project Management**, vol. 17, n. 1, p. 29-34, 1998.

CRAWFORD, L. H. Senior management perceptions of project management competence. **International Journal of Project Management**, vol. 23, n. 1, p. 7-16, 2005.

CROSSAN, M. M.; LANE, H. W.; White, R. E. An organizational learning framework: from intuition to institution. **Academy of Management Review**, vol. 24, n.3, 1999.

CURŞEU, P. L. Emergent states in virtual systems: a complex systems perspective. **Journal of Information Technology**, 21, p. 249-261, 2006.

DA SILVA, L. F. *et al.* Management of Plastic Waste and a Circular Economy at the End of the Supply Chain: A Systematic Literature Review. **Energies**, vol. 15, n. 3, 2022, p. 1-15. Disponível em: <https://doi.org/10.3390/en15030976>. Acesso em: 13 jan. 2025.

DAINTY, A. R. J.; CHENG, M.-I.; MOORE, D. R. Competency-based model for predicting construction project managers' performance. **Journal of Management in Engineering**, vol. 21, n. 1, 2005.

DE ROSA, D. *et al.* Trust and leadership in virtual teamwork: A media naturalness perspective. **Human Resource Management**, vol. 43, n. 2-3, p. 219-232, 2004.

DENISI, A. S.; KLUGER, A. N. Feedback effectiveness: Can 360-degree appraisals be improved? **Academy of Management Perspectives**, vol. 14, n. 1, 2000, p. 129-139.

DOOLEY, K. J. A complex adaptive systems model of organization change. **Nonlinear Dynamics, Psychology, and Life Sciences**, vol. 1, p. 69-97, 1997.

DRAGANIDIS, F.; MENTZAS, G. Competency-based management: A review of systems and approaches. **Information Management & Computer Security**, vol. 14, n. 1, 2006, p. 51-64. Disponível em: <https://doi.org/10.1108/09685220610648373>. Acesso em: 16 jan. 2025.

DUNNING, D.; HEATH, C.; SULS, J. M. Flawed self-assessment: Implications for health, education, and the workplace. **Psychological Science in the Public Interest**, vol. 5, n. 3, p. 69-106, 2004.

DUTRA, J. S. **Competência:** conceitos e instrumentos para a gestão de pessoas na empresa moderna. São Paulo: Atlas, 2001.

EBEKOZIEN, A.; AIGBAVBOA, C. (2021). COVID-19 recovery for the Nigerian construction sites: The role of the fourth industrial revolution technologies.

Sustainable Cities and Society, vol. 69, June 2021, 102803. Disponível em: <https://doi.org/10.1016/j.scs.2021.102803>. Acesso em: 29 nov. 2024.

EISENBERG, E. M. Jamming: transcendence through organizing. **Communication Research**, vol. 17, n. 2, p. 139-164, 1990.

EKROT, B.; KOCK, A.; GEMÜNDEN, H. G. Retaining project management competence – antecedents and consequences. **International Journal of Project Management**, vol. 34, n. 2, Feb. 2016, p. 145-157.

EPSTEIN, R. M.; HUNDERT, E. M. Defining and assessing professional competence. **JAMA**, vol. 287, n. 2, p. 226-235, 2002.

EUROPEAN COMMISSION. **EU Competency Framework:** for the management and implementation of the European Regional Development Fund and the Cohesion Fund. Brussels: European Commission, 2014.

FAYOL, H. **Administration industrielle et générale:** prévoyance, organisation, commandement, coordination, contrôle. Paris: H. Dunod et E. Pinat, 1916.

FLANAGAN, J. C. The critical incident technique. **Psychological Bulletin**, vol. 51, n. 4, 327, 1954.

FLEURY, M. T. L.; FLEURY, A. Construindo o conceito de competência. **Revista de Administração Contemporânea**, 5(spe), p. 183-196, 2001.

GALLAVAN, N. P.; WEBSTER-SMITH, A. Cultural competence and the recursive nature of conscientization. **Action in Teacher Education**, vol. 34, n. 5-6, 2012, p. 401-419. Disponível em: <https://doi.org/10.1080/01626620.2011.627049>. Acesso em: 15 jan. 2025.

GELL-MANN, M. **The Quark and the Jaguar:** adventures in the simple and the complex. New York, NY: W.H. Freeman, 1994.

GOLEMAN, D. **Working with Emotional Intelligence.** New York, NY: Bantam Books, 1998.

GOMES, C. F.; YASIN, M. M.; SMALL, M. H. Discerning Interrelationships among the Knowledge, Competencies, and Roles of Project Managers in the Planning and Implementation of Public Sector Projects. **International Journal of Public Administration**, vol. 35, n. 5, 2012, p. 315-328. Disponível em: <https://doi.org/10.1080/01900692.2012.655461>. Acesso em: 14 jan. 2025.

HANNA, A. S. *et al.* Modeling Project Manager Competency: na integrated mathematical approach. **Journal of Construction Engineering and Management**, vol. 142, n. 8, Aug. 2016. Disponível em: <https://doi.org/10.1061/(ASCE)CO.1943-7862.0001141>. Acesso em: 05 dez. 2024.

HAZUCHA, J. F.; HEZLETT, S. A.; SCHNEIDER, R. J. The impact of 360-degree feedback on management skills development. **Human Resource Management**, vol. 32, n. 2-3, Summer-Autumn (Fall) 1993, p. 325-351.

HERMARIJ, J. **Better Practices of Project Management:** based on IPMA competences. 4th.ed. Zaltbommel: Van Haren Publishing, 2016.

HIDAYATI, A.; BUDIARDJO, E. K.; PURWANDARI, B. Scrum Team Competence Based on Knowledge, Skills, Attitude in Global Software Development. **QUALITY Access to Success**, vol. 22, n. 184, Oct. 2021, p. 93-98. Disponível em: <https://doi.org/10.47750/QAS/22.184.11>. Acesso em: 05 dez. 2024.

HOLLAND, J. H. Complex adaptive systems. **Daedalus**, vol. 121, n. 1, p. 17-30, Winter 1992.

HOLLAND, J. H. **Hidden order:** how adaptation builds complexity. Reading, MA: Addison-Wesley, 1995.

HOPKINS, M. M.; BILIMORIA, D. Social and emotional competencies predicting success for male and female executives. **Journal of Management Development**, vol. 27, n. 1, 2008, p. 13-35. Disponível em: <https://doi.org/10.1108/02621710810840749>. Acesso em: 10 jan. 2025.

IPMA. **Individual Competence Baseline for Project, Programme & Portfolio Management.** Version 4.0. Zurich, Switzerland: International Project Management Association, 2015.

ISO. **ISO 21502:2020:** Project, programme and portfolio management — Guidance on project management. Geneva: International Organization for Standardization, 2020. Disponível em: <https://www.iso.org/standard/74947.html>. Acesso em: 29 nov. 2024.

KANAWATTANACHAI, P.; YOO, Y. Dynamic nature of trust in virtual teams. **Journal of Strategic Information Systems**, vol. 11, n. 3-4, p. 187–213, 2002.

KARKI, S.; HADIKUSUMO, B. Machine learning for the identification of competent project managers for construction projects in Nepal. **Construction Innovation**, vol. 23, n. 1, 2023, p. 1-18. Disponível em: <https://doi.org/10.1108/CI-08-2020-0139>. Acesso em: 14 jan. 2025.

KEIL, M.; LEE, H. K.; DENG, T. Understanding the most critical skills for managing IT projects: A Delphi study of IT project managers. **Information & Management**, vol. 50, n. 7, p. 398-414, 2013.

KERZNER, H. **Project Management:** A Systems Approach to Planning, Scheduling, and Controlling. Hoboken, NJ: Wiley, 2017.

KWOFIE, T. E.; BOTCHWAY, E. A.; AMOS-ABANYIE, S. Examining the performance level of project management competencies of architects in Ghana using gap analysis approach. **Journal of Construction in Developing Countries**, vol. 23, n. 1, 2018, p. 125-147. Disponível em: <https://doi.org/10.21315/jcdc2018.23.1.8>. Acesso em: 16 jan. 2025.

LEPSINGER, R.; LUCIA, A. D. **The art and science of 360-degree feedback.** San Francisco, CA: Pfeiffer, 2009.

LEVIN, S. A. **Fragile dominion:** complexity and the commons. Reading, MA: Perseus Publishing, 1999.

LONDON, M.; SMITHER, J. W. Feedback orientation, feedback culture, and the longitudinal performance management process. **Human Resource Management Review**, vol. 12, n. 1, p. 81-100, 2002.

LUNDIN, R. A. *et al.* **Managing and Working in Project Society:** institutional challenges of temporary organizations. Cambridge: Cambridge University Press, 2015.

LUNDY, V. Project Leadership Influences Resistance to Change: The Case of the Canadian Public Service. **Project Management Journal**, vol. 44, n. 4, 2013, p. 45-64. Disponível em: <https://doi.org/10.1002/pmj.21355>. Acesso em: 14 jan. 2025.

LUTHANS, F. ; PETERSON, S. J. 360-degree feedback with systematic coaching: Empirical analysis suggests a winning combination. **Human Resource Management**, vol. 42, n. 3, 2003, p. 243-256.

MANSOURIMOAYYED, F.; COLABI, A.; SEMIARI, M. Explaining the Competencies of Project Managers According to PMCDF Model. **International Journal of Supply and Operations Management**, vol. 7, n.4, p. 322-343, Nov. 2020.

MANSOURIMOAYYED, F.; COLABI, A.; SEMIARI, M. Explaining the Competencies of Project Managers According to PMCDF Model. **International Journal of Supply and Operations Management**, vol. 7, n. 4, 2020, p. 322-343. Disponível em: <https://doi.org/10.22034/IJSOM.2020.4.3>. Acesso em: 14 jan. 2025.

MARNEWICK, A. L.; MARNEWICK, C. The ability of project managers to implement Industry 4.0-related projects. **IEEE Access**, vol. 8, p. 314-324, 2020. Disponível em: <https://doi.org/10.1109/ACCESS.2019.2961678>. Acesso em: 14 jan. 2025.

MCCLELLAND, D. C. Testing for competence rather than for "intelligence". **American Psychologist**, vol. 28, n. 1, p. 1-14, 1973.

MCGRATH, J.; KOŠŤÁLOVÁ, J. Project management trends and new challenges 2020+. *In*: Hradec Economic Days, 2020. **Proceedings...** [S.l.], p. 114-123, 2020. Disponível em: <https://digilib.uhk.cz/bitstream/handle/20.500.12603/261/McGrath,%20Košťálová%20(2020)%20Project%20Management.pdf?sequence=1>. Acesso em: 28 nov. 2024.

METTRAU, F. A. C. **A influência do feedback estruturado sobre as curvas de aprendizado de habilidades em ultrassonografia aplicada à anestesia regional.** 2016. 53f. Dissertação (Mestrado em Ciências Médicas) – Centro de Ciências da Saúde, Universidade Federal de Santa Catarina, Florianópolis, 2016. Disponível em: <https://core.ac.uk/outputs/94926064/?source=oai>. Acesso em: 13 jan. 2025.

MEZIROW, J. (org.) **Fostering critical reflection in adulthood:** a guide to transformative and emancipatory learning. San Francisco, CA: Jossey-Bass, 1990.

MILLER, J. H.; PAGE, S. E. **Complex Adaptive Systems:** an introduction to computational models of social life. Princeton, NJ: Princeton University Press, 2007.

MITLETON-KELLY, E. **Complex systems and evolutionary perspectives on organizations:** the application of complexity theory to organizations. (Advanced Series in Management). Oxford: Pergamon, 2003.

MORADI, S. *et al.* A competency model for the selection and performance improvement of project managers in collaborative construction projects: Behavioral studies in Norway and Finland. **Buildings**, vol. 11, n. 1, 2021, p. 1-29. Disponível em: <https://doi.org/10.3390/buildings11010004>. Acesso em: 14 jan. 2025.

MORADI, S.; KÄHKÖNEN, K.; AALTONEN, K. Comparison of research and industry views on project managers' competencies. **International Journal of Managing Projects in Business**, vol. 13, n. 3, 2020, p. 543-572. Disponível em: <https://doi.org/10.1108/IJMPB-04-2019-0085>. Acesso em: 13 jan. 2025.

MOREL, B.; RAMANUJAM, R. Through the looking glass of complexity: The dynamics of organizations as adaptive and evolving systems. **Organization Science**, vol. 10, n. 3, p. 278-293, 1999.

MORGAN, G. **Images of Organization.** Thousand Oaks, CA: Sage Publications, 2006.

MORRIS, P. W. G. Reconstructing Project Management Reprised: A Knowledge Perspective. **Project Management Journal**, vol. 44, n. 5, Oct. 2013.

MOYO, T.; CHIGARA, B. Barriers to lean construction implementation in Zimbabwe. **Journal of Engineering, Design and Technology**, vol. 21, n. 3, 2023, p. 733-757. Disponível em: <https://doi.org/10.1108/JEDT-01-2021-0044>. Acesso em: 14 jan. 2025.

MÜLLER, R.; TURNER, R. Leadership competency profiles of successful project managers. **International Journal of Project Management**, vol. 28, n. 5, July 2010, p. 437-448.

MUSONDA, I.; OKORO, C. Assessment of current and future critical skills in the South African construction industry, **Higher Education, Skills and Work-Based Learning**, vol. 11, n. 5, 2021, p. 1055-1067. Disponível em: <https://doi.org/10.1108/HESWBL-08-2020-0177>. Acesso em: 14 jan. 2025.

MYSKILLSPROFILE. Site. Disponível em: <https://www.myskillsprofile.com>. Acesso em: 29 nov. 2024.

PAPKE-SHIELDS, K. E.; BOYER-WRIGHT, K. M. Strategic planning characteristics applied to project management. **International Journal of Project Management**, vol. 35, n. 2, p. 169-179, Feb. 2017. Disponível em: <https://doi.org/10.1016/j.ijproman.2016.10.015>. Acesso em: 29 nov. 2024.

PARIAFSAI, F.; BEHZADAN, A. H. Core competencies for construction project management: Literature review and content analysis. **Journal of Civil Engineering Education**, vol. 147, n. 4, 2021, p. 1-10. Disponível em: <https://doi.org/10.1061/(ASCE)EI.2643-9115.0000051>. Acesso em: 14 jan. 2025.

PARRY, S. B. The quest for competences. **Training: the magazine of manpower and management development**, vol. 33, n. 7, 1996, p. 48-57.

PATANAKUL, P.; MILOSEVIC, D. A competency model for effectiveness in managing multiple projects. **Journal of High Technology Management Research**, vol. 18, n. 2, 2008, p. 118-131. Disponível em: <https://doi.org/10.1016/j.hitech.2007.12.006>. Acesso em: 14 jan. 2025.

PERIDES, M. P. N.; BARROTE, E. B.; SBRAGIA, R. As competências de gestores de projetos que atuam com métodos ágeis e tradicionais: um estudo comparativo. **Revista de Gestão e Projetos**, vol. 12, n. 1, 2021, p. 11-38. Disponível em: <https://doi.org/10.5585/gep.v12i1.17534>. Acesso em: 14 jan. 2025.

PERRENOUD, P. **Construire des compétences dès l'école.** Paris: ESF Éditeur, 2011.

PMAJ. A **Guidebook of Program & Project Management for Enterprise Innovation.** 3rd.ed. International Edition. Tokio: Project Management Association of Japan, 2017. Disponível em: <https://www.cybersoken.com/service/publication/third-edition-p2m/>. Acesso em: 29 nov. 2024.

PMI. **A Guide to the Project Management Body of Knowledge:** PMBOK® Guide. 7th.ed. Newtown Square, PA: Project Management Institute, 2021.

PMI. **Process Groups:** A Practice Guide. Newtown, Square, PA: Project Management Institute, 2022.

PMI. **Project Manager Competency Development Framework.** 3rd.ed. Newtown Square, PA: Project Management Institute, 2017.

PODGÓRSKA, M.; PICHLAK, M. Analysis of project managers' leadership competencies: Project success relation: what are the competencies of polish project leaders? **International Journal of Managing Projects in Business**, vol. 12, n. 4, 2019, p. 869-887. Disponível em: <https://doi.org/10.1108/IJMPB-08-2018-0149>. Acesso em: 14 jan. 2025.

QUALTRICS. Site. Disponível em: <https://www.qualtrics.com>. Acesso em: 29 nov. 2024.

RAMANI, S.; KRACKOV, S. K. Twelve tips for giving feedback effectively in the clinical environment. **Med. Teach.**, vol. 34, n. 10, 2012, p. 787-791.

RATH, T. **StrengthsFinder 2.0.** New York, NY: Gallup Press, 2007.

RAUNER, F. **Measuring and Developing Professional Competences in COMET:** method manual. Singapore: Springer, 2021.

REZK, S. *et al.* Competency Assessment for State Highway Agency Project Managers. **Transportation Research Record**, vol. 2673, n. 3, 2019, p. 658-666. Disponível em: <https://doi.org/10.1177/0361198119832870>. Acesso em: 14 jan. 2025.

RIBEIRO, A.; AMARAL, A.; BARROS, T. Project Manager Competencies in the context of the Industry 4.0. **Procedia Computer Science**, vol. 181, 2021, p. 803-810. Disponível em: <http://dx.doi.org/10.1016/j.procs.2021.01.233>. Acesso em: 05 dez. 2024.

RICS. **Assessment of Professional Competence (APC).** Disponível em: <https://www.rics.org/join-rics/rics-member-grades/chartered-member-mrics/assessment-of-professional-competence-apc>. Acesso em: 10 jan. 2025.

RODRIGUES, J.; RODRIGUES, A. C.; LAMAS, M. (2012). **A gestão por competências – Mapeamento das competências-chave.** Gres Panaria Portugal & ISCAP – P.Porto, 2012.

ROSAMILHA, N. J. (2023). O futuro das competências em gerenciamento de projetos: Como fazer a escolha certa das competências para os profissionais de seu projeto?. **Revista de gestão e projetos**, vol. 14, n. 3, 2023, p. 72-86.

ROSAMILHA, N. J.; SILVA, L. F. da; PENHA, R. Competence of project management professionals according to type of project: a systematic literature review. **International Journal of Information Systems And Project Management**, vol. 11, n. 4, 2023, p. 54-100.

SAFE STUDIO. **SAFe® 6.0 – Core Competencies.** Disponível em: <https://scaledagileframework.com/#corecompetencies>. Acesso em: 10 jan. 2025.

SCHÖN, D. A. **The reflective practitioner:** how professionals think in action. New York, NY: Basic Books, 1983.

SCHWABER, K.; SUTHERLAND, J. **The Scrum Guide.** Nov. 2020.

SERRADOR, P.; PINTO, J. K. Does agile work? — A quantitative analysis of agile project success. **International Journal of Project Management**, vol. 33, n. 5, p. 1040-1051, July 2015. Disponível em: <https://doi.org/10.1016/j.ijproman.2015.01.006>. Acesso em: 29 nov. 2024.

SERRAT, O. The critical incident technique. *In*: SERRAT, O. **Knowledge Solutions:** tools, methods, and approaches to drive organizational performance. Singapore: Springer, 2017, p. 1077-1083.

SHAHHOSSEINI, V.; SEBT, M. H. Competency-based selection and assignment of human resources to construction projects. **Scientia Iranica**, vol. 18, n. 2, Apr. 2011, p. 163-180. Disponível em: <https://doi.org/10.1016/j.scient.2011.03.026>. Acesso em: 05 dez. 2024.

SHENHAR, A. J. *et al.* Refining the search for project success factors: a multivariate, typological approach. **R&D Management**, vol. 32, n. 2, Mar. 2002, p. 111-126. Disponível em: <https://doi.org/10.1111/1467-9310.00244>. Acesso em: 15 jan. 2025.

SHENHAR, A. J.; LEVY, O.; DVIR, D. Mapping the dimensions of project success. **Project Management Journal**, vol. 28, n. 2, p. 5-13, 1997.

SHIPPMANN, J. S. *et al.* The practice of competency modeling. **Personnel Psychology**, vol. 53, n. 3, p. 703-740, 2000.

SILVA, L. F. da *et al.* Soft skills fuzzy TOPSIS ranked multi-criteria to select project manager. **International Journal of Information and Decision Sciences**, vol. 16, n. 1, p. 19-45, 2024.

SILVIUS, G. *et al.* **Sustainability in Project Management.** London: Routledge, 2012. Disponível em: <https://doi.org/10.4324/9781315241944>. Acesso em: 15 jan. 2025.

SITOHANG, Y. F.; PRATAMI, D.; BAY, A. F. Competency evaluation of project manager performance in network construction projects. *In*: 2020 Fifth International Conference on Informatics and Computing (ICIC), 5., 2020, Gorontalo, Indonesia. **Proceedings...** IEEE, p. 1-8. Disponível em: <https://doi.org/10.1109/ICIC50835.2020.9288580>. Acesso em: 10 jan. 2025.

SKULMOSKI, G. J.; HARTMAN, F. T. Information Systems Project Manager Soft Competencies: A Project-Phase Investigation. **Project Management Journal**, vol. 41, n. 1, 2010, p. 61-80. Disponível em: <https://doi.org/10.1002/pmj.20146>. Acesso em: 14 jan. 2025.

SOŁTYSIK, M. *et al.* Assessment of project manager's competence in the context of individual competence baseline. **Education Sciences**, vol. 10, n. 5, 2020, 146. Disponível em: <https://doi.org/10.3390/educsci10050146>. Acesso em: 14 jan. 2025.

SONSTEIN, S. A. *et al.* Incorporating Competencies Related to Project Management into the Joint Taskforce Core Competency Framework for Clinical Research Professionals. **Therapeutic Innovation & Regulatory Science**, vol. 56, n. 2, 2022, p. 206-211. Disponível em: <https://doi.org/10.1007/s43441-021-00369-7>. Acesso em: 14 jan. 2025.

SPENCER, L. M.; SPENCER, S. M. **Competence at work:** models for superior performance. New York, NY: Wiley, 1993.

STARKWEATHER, J. A.; STEVENSON, D. H. PMP® Certification as a Core Competency: Necessary but Not Sufficient. **Project Management Journal**, vol. 42, n. 1, 2011, p. 31-41. Disponível em: <https://doi.org/10.1002/pmj.20174>. Acesso em : 14 jan. 2025.

STRANG, K. D. Assessing team members' interpersonal competencies in new product development e-projects. **International Journal of Project Organisation and Management**, vol. 1, n. 4, 2009, p. 335-357. Disponível em: <https://doi.org/10.1504/IJPOM.2009.029105>. Acesso em: 14 jan. 2025.

SUIKKI, R.; TROMSTEDT, R.; HAAPASALO, H. Project management competence development framework in turbulent business environment. **Technovation**, vol. 26, n.5-6, May-June 2006, p. 723-738. Disponível em: <http://dx.doi.org/10.1016/j.technovation.2004.11.003>. Acesso em: 05 dez. 2024.

SURVEYMONKEY. Site. Disponível em: <https://www.surveymonkey.com>. Acesso em: 29 nov. 2024.

SWEETMAN, R.; O'DWYER, O.; CONBOY, K. A Complex Adaptive Systems Perspective on Self-Organization in IS Project Portfolios. *In*: 9th International Research Workshop on Information Technology Project Management (IRWITPM), 9., 2014, Auckland, New Zealand. **Proceedings...** Atlanta, GA: IRWITPM, 2014. Disponível em: <https://aisel.aisnet.org/irwitpm2014/3/>. Acesso em: 14 jan. 2025.

TAKEY, S. M.; CARVALHO, M. M. de Competency mapping in project management: An action research study in an engineering company. **International Journal of Project Management**, vol. 33, n. 4, May 2015, p. 784-796. Disponível em: <https://doi.org/10.1016/J.IJPROMAN.2014.10.013>. Acesso em: 14 jan. 2025.

TAMILARASI, S. Managing human resource through competency mapping. **Paripex – Indian Journal of Research**, vol. 4, n. 11, Nov. 2015, p. 65-68.

THOMAS, J.; MENGEL, T. Preparing project managers to deal with complexity – Advanced project management education. **International Journal of Project Management**, vol. 26, n. 3, p. 304-315, 2008.

TRINDADE, D.; BARROSO, A. P.; MACHADO, V. H. Project Management Efficiency of a Portuguese Electricity Distribution Utility Using Data Envelopment Analysis. **Procedia Computer Science**, 64, 2015, p. 674-682. Disponível em: <https://doi.org/10.1016/j.procs.2015.08.583>. Acesso em: 14 jan. 2025.

TSILIGIRIS, V.; BOWYER, D. Exploring the impact of 4IR on skills and personal qualities for future accountants: A proposed conceptual framework for university accounting education. **Accounting Education**, vol. 30, n. 1, p. 621-649, 2021. Disponível em: <https://doi.org/10.1080/09639284.2021.1938616>. Acesso em: 29 nov. 2024.

TURNER, J. R.; MÜLLER, R. **Choosing Appropriate Project Managers:** matching their leadership style to the type of project. Newtown Square, PA: Project Management Institute, 2006.

UDDIN, I.; TANCHI, K. R.; ALAM, N. Competency mapping: A tool for HR excellence. **European Journal of Business and Management**, vol. 4, n. 5, 2012, p. 90-98.

VARAJÃO, J. E.; SILVA, H.; PEJIC-BACH, M. Key competences of information systems project managers. **International Journal of Information Technology Project Management (IJITPM)**, vol. 10, n. 3, 2019, p. 73-90. Disponível em: <https://doi.org/10.4018/IJITPM.2019070105>. Acesso em: 13 jan. 2025.

VARAJÃO, J.; CRUZ-CUNHA, M. M. Using AHP and the IPMA Competence Baseline in the project managers selection process. **International Journal of Production Research**, vol. 51, n. 11, 2013, p. 3342–3354. Disponível em: <https://doi.org/10.1080/00207543.2013.774473>. Acesso em: 15 jan. 2025.

WALDMAN, D. A.; ATWATER, L. E.; ANTONIONI, D. Has 360-degree feedback gone amok? **Academy of Management Perspectives**, vol. 12, n. 2, 1998, p. 86-94.

WATERIDGE, J. Training for IS/IT project managers: A way forward. **International Journal of Project Management**, vol. 15, n. 5, p. 283-288, 1997.

WEF. **The Future of Jobs Report 2020.** World Economic Forum, Oct. 20 2020. Disponível em: <https://www.weforum.org/reports/the-future-of-jobs-report-2020>. Acesso em: 28 nov. 2024.

WEF. **The Future of Jobs Report 2023.** World Economic Forum, Apr. 30 2023. Disponível em: <https://www.weforum.org/reports/the-future-of-jobs-report-2023>. Acesso em: 02 dez. 2024.

WEICK, K. E. Introductory Essay: improvisation as a mindset for organizational analysis. **Organization Science**, vol. 9, n. 5, p. 543–555, Sep.-Oct. 1998.

ZUO, J. *et al.* (2018). Soft skills of construction project management professionals and project success factors: A structural equation model. **Engineering, Construction and Architectural Management**, vol. 25, n. 3, 2018, p. 425-442. Disponível em: <https://doi.org/10.1108/ECAM-01-2016-0016>. Acesso em: 13 jan. 2025.

Lista de acrônimos

ABC – *Agile Business Consortium*

AIPM – *Association for International Project Management*

APCS – *AIPM Professional Competency Standards*

APMCF – *APM Competence Framework*

APMH – *AgilePM Handbook*

BEI – *Behavioral Event Interview*

CB – Competências Básicas

CE – Competências Exclusivas

CHA – Conhecimento, Habilidade e Atitude

CIC – *Project Manager Competency Framework*

CMI – *Consumer Market Insights*

CMM – *Capability Maturity Model*

CPM – Método do Caminho Crítico

CR – Competências Relevantes

IA – Inteligência Artificial

ICB – *Individual Competence Baseline*

IPMA – *International Project Management Association*

ISO – *International Standard Organization*

ITL – *Information Technology Infrastructure Library*

PMCDF – *Project Manager Competency Development Framework*

PMI – *Project Management Institute*

PMP – *Project Management Professional*

SAC – Sistemas Adaptativos Complexos

SCF – *Situation Context Framework*

SGC – Sistemas de Gestão de Competências

SPC – *SAFe Program Consultant Competency Framework*

TI – Tecnologia de Informação

WEF – *World Economic Forum*

XP – *eXtreme Programming*

Sobre os autores

Nelson Rosamilha, PhD, PMP, PMI-ACP, PMO-CP

Nelson Rosamilha é um executivo sênior com vasta experiência em gerenciamento de projetos, transformação digital e operação de serviços gerenciados. Cofundador da Digital Mode e coordenador do MBA, Rosamilha possui um histórico comprovado de sucesso em setores como telecomunicações, segurança cibernética, finanças e telecomunicações.

Com certificações como PMP, PMI-ACP e PMO-CP, Rosamilha é reconhecido por sua habilidade em criar PMOs robustos e gerenciar equipes multiculturais globalmente. É autor de diversas publicações, incluindo livros sobre certificações PRINCE2® e artigos na área de gerenciamento de projetos. Rosamilha também é doutor em gerenciamento de projetos pela Universidade Nove de Julho (UNINOVE), além de ter liderado projetos significativos em empresas como Ericsson, IBM e Indra.

Rosamilha é professor convidado em diversas universidades e já recebeu prêmios de inovação e excelência acadêmica. Reside em São Paulo, Brasil, é fluente em inglês, espanhol e português, e nas horas vagas se dedica à prática de esportes e ao estudo contínuo das tendências em tecnologia e gestão.

Em suas pesquisas tem um programa de computador registrado: sistema baseado em competências para gerenciamento de atividades em projetos ágeis; sistema para diagnosticar competências de acordo com tipologias de projetos – COMPETERE; sistema de classificação de nível de competência profissional no contexto de projetos.

Luciano Ferreira da Silva, PhD

Luciano Ferreira da Silva é pós-doutor em Sustentabilidade pela PUC-Campinas. Doutor em administração na PUC-SP, com bolsa pela CAPES. Mestre em Administração, Comunicação e Educação na Universidade São Marcos. Especialista em Psicologia Organizacional e em Administração de Recursos Humanos. Graduado em Administração de Empresas.

Professor permanente e pesquisador no Programa de Pós-Graduação em Gestão de Projetos (PPGP) na Universidade Nove de Julho (UNINOVE). Líder na linha de pesquisa "Gerenciamento em Projetos" no PPGP da UNINOVE. Atua nos projetos-eixos de pesquisa "Sociedade 4.0 e a Economia Circular" e "Gestão de Pessoas e Gerenciamento de Projetos". No campo profissional, possui experiência em organizações nas atividades de avaliação de mercado, projeção de vendas, levantamento de novas oportunidades de negócios e formação de capital humano.

Autor do livro "Revoluções Legais - a advocacia e a política brasileira", além de outros capítulos publicados em livros organizados por parceiros de pesquisa. Artigos acadêmicos publicados em revistas nacionais e internacionais de alto impacto nas áreas de operações, gestão de projetos, sustentabilidade, gestão do conhecimento, gestão de pessoas, entre outras. Editor-chefe da Revista de Gestão e Projetos (GeP - ISSN 2236-0972). No Encontro Nacional da Associação Nacional de Pós-Graduação em Administração (ENANPAD), foi líder do tema "Gestão de Projetos" nos anos de 2020 e 2021 e líder do tema "Gestão de projetos: processos, pessoas e tecnologias" para os anos de 2022 e 2023. Membro do Comitê Organizador e Científico do Simpósio Internacional de Gestão, Projetos, Inovação e Sustentabilidade (SINGEP) desde 2017.

Em suas pesquisas tem vários programas de computador registrados: STD - Sistema de Tomada de Decisão; *People Placement by Competence* - PPbyC; FULL TAI - Teste de Associações Implícitas; sistema baseado em competências para gerenciamento de atividades em projetos ágeis. Além disso, também tem patentes depositadas como: modelo gerencial para estruturação de projetos de *big data*; sistema baseado em competências para gerenciamento de atividades em projetos ágeis; sistema para diagnosticar competências de acordo com tipologias de projetos - COMPETERE; e sistema de classificação de nível de competência profissional no contexto de projetos.

Sobre a Brasport

Há 30 anos, a Brasport é referência em publicações de tecnologia, gestão e carreira.

Nosso catálogo, disponível em **www.editorabrasport.com.br**, é composto por obras que você encontra tanto em livrarias físicas, como na Amazon e em eventos especializados.

Além disso, nossas publicações estão acessíveis em uma plataforma digital que alcança 4 milhões de assinantes, distribuídos em 900 universidades e empresas.

Quer se unir a essa trajetória de sucesso? Entre em contato conosco pelo e-mail: **administrativo@brasport.com.br**